Über dieses Buch »Wir alle, die wir Goethe verehren, lassen uns doch ohne viel Sträuben die Bemühungen der Biographen gefallen, die sein Leben aus den vorhandenen Berichten und Aufzeichnungen wiederherstellen wollen. Was aber sollen uns diese Biographien leisten? Auch die beste und vollständigste könnte die beiden Fragen nicht beantworten, die allein wissenswert scheinen.
Sie würde das Rätsel der wunderbaren Begabung nicht aufklären, die den Künstler macht, und sie könnte uns nicht helfen, den Wert und die Wirkung seiner Werke besser zu erfassen«, sagte Sigmund Freud 1930 in seiner Ansprache im Frankfurter Goethe-Haus.
Diese Aussage ist paradigmatisch für den Versuch, sich der Gestalt Goethes zu nähern. Aber allein die Auseinandersetzung mit seinem Werk, das zwar im Zusammenhang mit seinem Leben zu sehen ist, jedoch eigentlich erst losgelöst von ihm im Weiterwirken durch die Jahrhunderte auf neue Generationen seine wesentlichste Bedeutung gewinnt, läßt Goethe heute wirklich *sein.* Aus dem Blickwinkel unterschiedlicher Temperamente – etwa wie hier in einer Auswahl von Autoren des S. Fischer Verlages – entsteht ein facettenreich-lebendiges Bild des Dichters. Sie alle sprechen – jeder auf seine Weise – zum Thema: Goethe.

Zum Thema: Goethe

Sigmund Freud
Hugo von Hofmannsthal
Thomas Mann
Stefan Zweig
Franz Kafka

Fischer Taschenbuch Verlag

Fischer Taschenbuch Verlag
März 1982
Umschlagentwurf: Jan Buchholz / Reni Hinsch
Foto: Freies Deutsches Hochstift, Frankfurt am Main
Fischer Taschenbuch Verlag GmbH, Frankfurt am Main
Für diese Ausgabe:

Gesamtherstellung: Hanseatische Druckanstalt GmbH, Hamburg
Printed in Germany
580-ISBN-3-596-25716-6

Inhalt

Sigmund Freud

Eine Kindheitserinnerung aus ›Dichtung und Wahrheit‹

»Wenn man sich erinnern will, was uns in der frühesten Zeit der Kindheit begegnet ist, so kommt man oft in den Fall, dasjenige, was wir von andern gehört, mit dem zu verwechseln, was wir wirklich aus eigener anschauender Erfahrung besitzen.« Diese Bemerkung macht Goethe auf einem der ersten Blätter der Lebensbeschreibung, die er im Alter von sechzig Jahren aufzuzeichnen begann. Vor ihr stehen nur einige Mitteilungen über seine »am 28. August 1749, mittags mit dem Glockenschlag zwölf« erfolgte Geburt. Die Konstellation der Gestirne war ihm günstig und mag wohl Ursache seiner Erhaltung gewesen sein, denn er kam »für tot« auf die Welt, und nur durch vielfache Bemühungen brachte man es dahin, daß er das Licht erblickte. Nach dieser Bemerkung folgt eine kuze Schilderung des Hauses und der Räumlichkeit, in welcher sich die Kinder – er und seine jüngere Schwester – am liebsten aufhielten. Dann aber erzählt Goethe eigentlich nur eine *einzige* Begebenheit, die man in die »früheste Zeit der Kindheit« (in die Jahre bis vier?) versetzen kann und an welche er eine eigene Erinnerung bewahrt zu haben scheint.

Der Bericht hierüber lautet: »und mich gewannen drei gegenüber wohnende Brüder von Ochsenstein, hinterlassene Söhne des verstorbenen Schultheißen, gar lieb, und beschäftigten und neckten sich mit mir auf mancherlei Weise.«

»Die Meinigen erzählten gern allerlei Eulenspiegeleien,

zu denen mich jene sonst ernsten und einsamen Männer angereizt. Ich führe nur einen von diesen Streichen an. Es war eben Topfmarkt gewesen, und man hatte nicht allein die Küche für die nächste Zeit mit solchen Waren versorgt, sondern auch uns Kindern dergleichen Geschirr im kleinen zu spielender Beschäftigung eingekauft. An einem schönen Nachmittag, da alles ruhig im Hause war, trieb ich im Geräms« (der erwähnten, gegen die Straße gerichteten Örtlichkeit) »mit meinen Schüsseln und Töpfen mein Wesen, und da weiter nichts dabei herauskommen wollte, warf ich ein Geschirr auf die Straße und freute mich, daß es so lustig zerbrach. Die von Ochsenstein, welche sahen, wie ich mich daran ergötzte, daß ich so gar fröhlich in die Händchen patschte, riefen: Noch mehr! Ich säumte nicht, sogleich einen Topf und, auf immer fortwährendes Rufen: Noch mehr! nach und nach sämtliche Schüsseln, Tiegelchen, Kännchen gegen das Pflaster zu schleudern. Meine Nachbarn fuhren fort, ihren Beifall zu bezeigen, und ich war höchlich froh, ihnen Vergnügen zu machen. Mein Vorrat aber war aufgezehrt, und sie riefen immer: Noch mehr! Ich eilte daher stracks in die Küche und holte die irdenen Teller, welche nun freilich im Zerbrechen ein noch lustigeres Schauspiel gaben; und so lief ich hin und wider, brachte einen Teller nach dem andern, wie ich sie auf dem Topfbrett der Reihe nach erreichen konnte, und weil sich jene gar nicht zufrieden gaben, so stürzte ich alles, was ich von Geschirr erschleppen konnte, in gleiches Verderben. Nur später erschien jemand, zu hindern und zu wehren. Das Unglück war geschehen, und man hatte für so viel zerbrochene Töpferware wenigstens eine lustige Geschichte, an der sich besonders die schalkischen Urheber bis an ihr Lebensende ergötzten.«

Dies konnte man in voranalytischen Zeiten ohne Anlaß

zum Verweilen und ohne Anstoß lesen; aber später wurde das analytische Gewissen rege. Man hatte sich ja über Erinnerungen aus der frühesten Kindheit bestimmte Meinungen und Erwartungen gebildet, für die man gerne allgemeine Gültigkeit in Anspruch nahm. Es sollte nicht gleichgültig oder bedeutungslos sein, welche Einzelheit des Kindheitslebens sich dem allgemeinen Vergessen der Kindheit entzogen hatte. Vielmehr durfte man vermuten, daß dies im Gedächtnis Erhaltene auch das Bedeutsamste des ganzen Lebensabschnittes sei, und zwar entweder so, daß es solche Wichtigkeit schon zu seiner Zeit besessen oder anders, daß es sie durch den Einfluß späterer Erlebnisse nachträglich erworben habe.

Allerdings war die hohe Wertigkeit solcher Kindheitserinnerungen nur in seltenen Fällen offensichtlich. Meist erschienen sie gleichgültig, ja nichtig, und es blieb zunächst unverstanden, daß es gerade ihnen gelungen war, der Amnesie zu trotzen; auch wußte derjenige, der sie als sein eigenes Erinnerungsgut seit langen Jahren bewahrt hatte, so wenig zu würdigen wie der Fremde, dem er sie erzählte. Um sie in ihrer Bedeutsamkeit zu erkennen, bedurfte es einer gewissen Deutungsarbeit, die entweder nachwies, wie ihr Inhalt durch einen anderen zu ersetzen sei, oder ihre Beziehung zu anderen, unverkennbar wichtigen Erlebnissen aufzeigte, für welche sie als sogenannte *Deckerinnerungen* eingetreten waren.

In jeder psychoanalytischen Bearbeitung einer Lebensgeschichte gelingt es, die Bedeutung der frühesten Kindheitserinnerungen in solcher Weise aufzuklären. Ja, es ergibt sich in der Regel, daß gerade diejenige Erinnerung, die der Analysierte voranstellt, die er zuerst erzählt, mit der er seine Lebensbeichte einleitet, sich als die wichtigste erweist, als diejenige, welche die Schlüssel zu den Geheimfächern seines Seelenlebens in sich birgt. Aber im

Falle jener kleinen Kinderbegebenheit, die in ›Dichtung und Wahrheit‹ erzählt wird, kommt unseren Erwartungen zu wenig entgegen. Die Mittel und Wege, die bei unseren Patienten zur Deutung führen, sind uns hier natürlich unzugänglich; der Vorfall an sich scheint einer aufspürbaren Beziehung zu wichtigen Lebenseindrücken späterer Zeit nicht fähig zu sein. Ein Schabernack zum Schaden der häuslichen Wirtschaft, unter fremden Einfluß verübt, ist sicherlich keine passende Vignette für all das, was Goethe aus seinem reichen Leben mitzuteilen hat. Der Eindruck der vollen Harmlosigkeit und Beziehungslosigkeit will sich für diese Kindererinnerung behaupten, und wir mögen die Mahnung mitnehmen, die Anforderungen der Psychoanalyse nicht zu überspannen oder am ungeeigneten Orte vorzubringen.

So hatte ich denn das kleine Problem längst aus meinen Gedanken fallenlassen, als mir der Zufall einen Patienten zuführte, bei dem sich eine ähnliche Kindheitserinnerung in durchsichtigerem Zusammenhange ergab. Es war ein siebenundzwanzigjähriger, hochgebildeter und begabter Mann, dessen Gegenwart durch einen Konflikt mit seiner Mutter ausgefüllt war, der sich so ziemlich auf alle Interessen des Lebens erstreckte, unter dessen Wirkung die Entwicklung seiner Liebesfähigkeit und seiner selbständigen Lebensführung schwer gelitten hatte. Dieser Konflikt ging weit in die Kindheit zurück; man kann wohl sagen, bis in sein viertes Lebensjahr. Vorher war er ein sehr schwächliches, immer kränkelndes Kind gewesen, und doch hatten seine Erinnerungen diese üble Zeit zum Paradies verklärt, denn damals besaß er die uneingeschränkte, mit niemandem geteilte Zärtlichkeit der Mutter. Als er noch nicht vier Jahre war, wurde ein – heute noch lebender – Bruder geboren, und in der Reaktion auf diese Störung wandelte er sich zu einem eigensinnigen, unbotmäßigen Jungen, der unausgesetzt die Strenge der Mutter herausforderte. Er kam auch nie mehr in das richtige Geleise.

Als er in meine Behandlung trat – nicht zum mindesten darum, weil die bigotte Mutter die Psychoanalyse verabscheute – war die Eifersucht auf den nachgeborenen Bruder, die sich seinerzeit selbst in einem Attentat auf den Säugling in der Wiege geäußert hatte, längst vergessen. Er behandelte jetzt seinen jüngeren Bruder sehr rücksichtsvoll, aber sonderbare Zufallshandlungen, durch die er sonst geliebte Tiere wie seinen Jagdhund oder sorgsam von ihm gepflegte Vögel plötzlich zu schwerem Schaden brachte, waren wohl als Nachklänge jener feindseligen Impulse gegen den kleinen Bruder zu verstehen.

Dieser Patient berichtete nun, daß er um die Zeit des Attentats gegen das ihm verhaßte Kind einmal alles ihm erreichbare Geschirr aus dem Fenster des Landhauses auf die Straße geworfen. Also dasselbe, was Goethe in ›Dichtung und Wahrheit‹ aus seiner Kindheit erzählt! Ich bemerke, daß mein Patient von fremder Nationalität und nicht in deutscher Bildung erzogen war; er hatte Goethes Lebensbeschreibung niemals gelesen.

Diese Mitteilung mußte mir den Versuch nahelegen, die Kindheitserinnerungen Goethes in dem Sinne zu deuten, der durch die Geschichte meines Patienten unabweisbar geworden war. Aber waren in der Kindheit des Dichters die für solche Auffassung erforderlichen Bedingungen nachzuweisen? Goethe selbst macht zwar die Aneiferung der Herren von Ochsenstein für seinen Kinderstreich verantwortlich. Aber seine Erzählung selbst läßt erkennen, daß die erwachsenen Nachbarn ihn nur zur Fortsetzung seines Treibens aufgemuntert hatten. Den Anfang dazu hatte er spontan gemacht, und die Motivirung, die er für dies Beginnen gibt: »Da weiter nichts dabei (beim Spiele) herauskommen wollte«, läßt sich wohl ohne Zwang als Geständnis deuten, daß ihm ein wirksames Motiv seines Handelns zur Zeit der Niederschrift und wahrscheinlich auch lange Jahre vorher nicht bekannt war.

Es ist bekannt, daß Joh. Wolfgang und seine Schwester Cornelia die ältesten Überlebenden einer größeren, recht hinfälligen Kinderreihe waren. Dr. Hanns Sachs war so freundlich, mir die Daten zu verschaffen, die sich auf diese früh verstorbenen Geschwister Goethes beziehen.

Geschwister Goethes:

a) Hermann Jakob, getauft Montag, den 27. November 1752, erreichte ein Alter von sechs Jahren und sechs Wochen, beerdigt 13. Jänner 1759.
b) Katharina Elisabetha, getauft Montag, den 9. September 1754, beerdigt Donnerstag, den 22. Dezember 1755 (ein Jahr, vier Monate alt).
c) Johanna Maria, getauft Dienstag, den 29. März 1757, und beerdigt Samstag, den 11. August 1759 (zwei Jahre, vier Monate alt). (Dies war jedenfalls das von ihrem Bruder gerühmte sehr schöne und angenehme Mädchen.)
d) Georg Adolph, getauft Sonntag, den 15. Juni 1760; beerdigt, acht Monate alt, Mittwoch, den 18. Februar 1761.

Goethes nächste Schwester, Cornelia Friederica Christiana, war am 7. Dezember 1750 geboren, als er fünfviertel Jahre alt war. Durch diese geringe Altersdifferenz ist sie als Objekt der Eifersucht so gut wie ausgeschlossen. Man weiß, daß Kinder, wenn ihre Leidenschaften erwachen, niemals so heftige Reaktionen gegen die Geschwister entwickeln, welche sie vorfinden, sondern ihre Abneigung gegen die neu Ankommenden richten. Auch ist die

Szene, um deren Deutung wir uns bemühen, mit dem zarten Alter Goethes bei oder bald nach der Geburt Cornelias unvereinbar.

Bei der Geburt des ersten Brüderchens Hermann Jakob war Joh. Wolfgang dreieinviertel Jahre alt. Ungefähr zwei Jahre später, als er etwa fünf Jahre alt war, wurde die zweite Schwester geboren. Beide Altersstufen kommen für die Datierung des Geschirrhinauswerfens in Betracht; die erstere verdient vielleicht den Vorzug, sie würde auch die bessere Übereinstimmung mit dem Falle meines Patienten ergeben, der bei der Geburt seines Bruders etwa dreidreiviertel Jahre zählte.

Der Bruder Hermann Jakob, auf den unser Deutungsversuch in solcher Art hingelenkt wird, war übrigens kein so flüchtiger Gast in der Goetheschen Kinderstube wie die späteren Geschwister. Man könnte sich verwundern, daß die Lebensgeschichte seines großen Bruders nicht ein Wörtchen des Gedankens an ihn bringt[1]. Er wurde über sechs Jahre alt, und Joh. Wolfgang war nahe an zehn Jahre, als er starb. Dr. Ed. Hitschmann, der so freundlich war, mir seine Notizen über diesen Stoff zur Verfügung zu stellen, meint:

»Auch der kleine Goethe hat ein Brüderchen nicht ungern sterben gesehen. Wenigstens berichtete seine Mutter nach Bettina Brentanos Wiedererzählung folgendes: ›Sonderbar fiel es der Mutter auf, daß er bei dem Tod

[1] (Zusatz 1924): Ich bediene mich dieser Gelegenheit, um eine unrichtige Behauptung, die nicht hätte vorfallen sollen, zurückzunehmen. An einer späteren Stelle dieses ersten Buches wird der jüngere Bruder doch erwähnt und geschildert. Es geschieht bei der Erinnerung an die lästigen Kinderkrankheiten, unter denen auch dieser Bruder »nicht wenig litt«. »Er war von zarter Natur, still und eigensinnig, und wir hatten niemals ein eigentliches Verhältnis zusammen. Auch überlebte er kaum die Kinderjahre.«

seines jüngeren Bruders Jakob, der sein Spielkamerad war, keine Träne vergoß, er schien vielmehr eine Art Ärger über die Klagen der Eltern und Geschwister zu haben; da die Mutter nun später den Trotzigen fragte, ob er den Bruder nicht lieb gehabt habe, lief er in seine Kammer, brachte unter dem Bett hervor eine Menge Papiere, die mit Lektionen und Geschichten beschrieben waren, er sagte ihr, daß er dies alles gemacht habe, um es dem Bruder zu lehren.‹ Der ältere Bruder hätte also immerhin gern Vater mit dem Jüngeren gespielt und ihm seine Überlegenheit gezeigt.«

Wir könnten uns also die Meinung bilden, das Geschirrhinauswerfen sei eine symbolische, oder sagen wir es richtiger: eine *magische* Handlung, durch welche das Kind (Goethe sowie mein Patient) seinen Wunsch nach Beseitigung des störenden Eindringlings zu kräftigem Ausdruck bringt. Wir brauchen das Vergnügen des Kindes beim Zerschellen der Gegenstände nicht zu bestreiten; wenn eine Handlung bereits an sich lustbringend ist, so ist dies keine Abhaltung, sondern eher eine Verlockung, sie auch im Dienste anderer Absichten zu wiederholen. Aber wir glauben nicht, daß es die Lust am Klirren und Brechen war, welche solchen Kinderstreichen einen dauernden Platz in der Erinnerung des Erwachsenen sichern konnte. Wir sträuben uns auch nicht, die Motivierung der Handlung um einen weiteren Beitrag zu komplizieren. Das Kind, welches das Geschirr zerschlägt, weiß wohl, daß es etwas Schlechtes tut, worüber die Erwachsenen schelten werden, und wenn es sich durch dieses Wissen nicht zurückhalten läßt, so hat es wahrscheinlich einen Groll gegen die Eltern zu befriedigen; es will sich schlimm zeigen.

Der Lust am Zerbrechen und am Zerbrochenen wäre auch Genüge getan, wenn das Kind die gebrechlichen

Gegenstände einfach auf den Boden würfe. Die Hinausbeförderung durch das Fenster auf die Straße bliebe dabei ohne Erklärung. Dies *»Hinaus«* scheint aber ein wesentliches Stück der magischen Handlung zu sein und dem verborgenen Sinn derselben zu entstammen. Das neue Kind soll *fortgeschafft* werden, durchs Fenster möglicherweise darum, weil es durchs Fenster gekommen ist. Die ganze Handlung wäre dann gleichwertig jener uns bekanntgewordenen wörtlichen Reaktion eines Kindes, als man ihm mitteilte, daß der Storch ein Geschwisterchen gebracht. »Er soll es wieder mitnehmen«, lautete sein Bescheid.

Indes, wir verhehlen uns nicht, wie mißlich es – von allen inneren Unsicherheiten abgesehen – bleibt, die Deutung einer Kinderhandlung auf eine einzige Analogie zu begründen. Ich hatte darum auch meine Auffassung der kleinen Szene aus ›Dichtung und Wahrheit‹ durch Jahre zurückgehalten. Da bekam ich eines Tages einen Patienten, der seine Analyse mit folgenden, wortgetreu fixierten Sätzen einleitete:

»Ich bin das älteste von acht oder neun Geschwistern[2]. Eine meiner ersten Erinnerungen ist, daß der Vater, in Nachtkleidung auf seinem Bette sitzend, mir lachend erzählt, daß ich einen Bruder bekommen habe. Ich war damals dreidreiviertel Jahre alt; so groß ist der Altersunterschied zwischen mir und meinem nächsten Bruder. Dann weiß ich, daß ich kurze Zeit nachher (oder war es ein Jahr vorher?)[3] einmal verschiedene Gegenstände, Bür-

[2] Ein flüchtiger Irrtum auffälliger Natur. Es ist nicht abzuweisen, daß er bereits durch die Beseitigungstendenz gegen den Bruder induziert ist. (Vgl. Ferenczi, ›Über passagere Symptombildung während der Analyse‹, 1912.)

[3] Dieser den wesentlichen Punkt der Mitteilung als Widerstand annagende Zweifel wurde vom Patienten bald nachher selbständig zurückgezogen.

sten – oder war es nur eine Bürste? – Schuhe und anderes aus dem Fenster auf die Straße geworfen habe. Ich habe auch noch eine frühere Erinnerung. Als ich zwei Jahre alt war, übernachtete ich mit den Eltern in einem Hotelzimmer in Linz auf der Reise ins Salzkammergut. Ich war damals so unruhig in der Nacht und machte ein solches Geschrei, daß mich der Vater schlagen mußte.«

Vor dieser Aussage ließ ich jeden Zweifel fallen. Wenn bei analytischer Einstellung zwei Dinge unmittelbar nacheinander, wie in einem Atem vorgebracht werden, so sollen wir diese Annäherung auf Zusammenhang umdeuten. Es war also so, als ob der Patient gesagt hätte: *Weil* ich erfahren, daß ich einen Bruder bekommen habe, habe ich einige Zeit nachher jene Gegenstände auf die Straße geworfen. Das Hinauswerfen der Bürsten, Schuhe usw. gibt sich als Reaktion auf die Geburt des Bruders zu erkennen. Es ist auch nicht unerwünscht, daß die fortgeschafften Gegenstände in diesem Falle nicht Geschirr, sondern andere Dinge waren, wahrscheinlich solche, wie sie das Kind eben erreichen konnte ... Das Hinausbefördern (durchs Fenster auf die Straße) erweist sich so als das Wesentliche der Handlung, die Lust am Zerbrechen, am Klirren und die Art der Dinge, an denen »die Exekution vollzogen wird«, als inkonstant und unwesentlich.

Natürlich gilt die Forderung des Zusammenhanges auch für die dritte Kindheitserinnerung des Patienten, die, obwohl die früheste, an das Ende der kleinen Reihe gerückt ist. Es ist leicht, sie zu erfüllen. Wir verstehen, daß das zweijährige Kind darum so unruhig war, weil es das Beisammensein von Vater und Mutter im Bette nicht leiden wollte. Auf der Reise war es wohl nicht anders möglich, als das Kind zum Zeugen dieser Gemeinschaft werden zu lassen. Von den Gefühlen, die sich damals in dem kleinen Eifersüchtigen regten, ist ihm die Erbitterung gegen das Weib verblieben, und diese hat eine dauernde Störung seiner Liebesentwicklung zur Folge gehabt.

Als ich nach diesen beiden Erfahrungen im Kreise der psychoanalytischen Gesellschaft die Erwartung äußerte, Vorkommnisse solcher Art dürften bei kleinen Kindern nicht zu den Seltenheiten gehören, stellte mir Frau Dr. v. Hug-Hellmuth zwei weitere Beobachtungen zur Verfügung, die ich hier folgen lasse:

I

»Mit zirka dreieinhalb Jahren hatte der kleine Erich ›urplötzlich‹ die Gewohnheit angenommen, alles, was ihm nicht paßte, zum Fenster hinauszuwerfen. Aber er tat es auch mit Gegenständen, die ihm nicht im Wege waren und ihn nichts angingen. Gerade am Geburtstag des Vaters – da zählte er drei Jahre viereinhalb Monate – warf er eine schwere Teigwalze, die er flugs aus der Küche ins Zimmer geschleppt hatte, aus einem Fenster der im dritten Stockwerk gelegenen Wohnung auf die Straße. Einige Tage später ließ er den Mörserstößel, dann ein Paar schwerer Bergschuhe des Vaters, die er erst aus dem Kasten nehmen mußte, folgen[4].

Damals machte die Mutter im siebenten oder achten Monate ihrer Schwangerschaft eine *fausse couche*, nach der das Kind ›wie ausgewechselt brav und zärtlich still‹ war. Im fünften oder sechsten Monate sagte er wiederholt zur Mutter: ›Mutti, ich spring' dir auf den Bauch‹ oder ›Mutti, ich drück' dir den Bauch ein‹. Und kurz vor der *fausse couche*, im Oktober: ›Wenn ich schon einen Bruder bekommen soll, so wenigstens nach dem Christkindl.‹«

[4] »Immer wählte er schwere Gegenstände.«

II

»Eine junge Dame von neunzehn Jahren gibt spontan als früheste Kindheitserinnerung folgende:

›Ich sehe mich furchtbar ungezogen, zum Hervorkriechen bereit, unter dem Tische im Speisezimmer sitzen. Auf dem Tische steht meine Kaffeeschale – ich sehe noch jetzt deutlich das Muster des Porzellans vor mir –, die ich in dem Augenblick, als Großmama ins Zimmer trat, zum Fenster hinauswerfen wollte.

Es hatte sich nämlich niemand um mich gekümmert, und indessen hatte sich auf dem Kaffee eine ›Haut‹ gebildet, was mir immer fürchterlich war und heute noch ist.

An diesem Tage wurde mein um zweieinhalb Jahre jüngerer Bruder geboren, deshalb hatte niemand Zeit für mich.

Man erzählt mir noch immer, daß ich an diesem Tage unausstehlich war; zu Mittag hatte ich das Lieblingsglas des Papas vom Tisch geworfen, tagsüber mehrmals mein Kleidchen beschmutzt und war von früh bis abends übelster Laune. Auch ein Badepüppchen hatte ich in meinem Zorne zertrümmert.‹«

Diese beiden Fälle bedürfen kaum eines Kommentars. Sie bestätigen ohne weitere analytische Bemühung, daß die Erbitterung des Kindes über das erwartete oder erfolgte Auftreten eines Konkurrenten sich in dem Hinausbefördern von Gegenständen durch das Fenster wie auch durch andere Akte von Schlimmheit und Zerstörungssucht zum Ausdruck bringt. In der ersten Beobachtung symbolisieren wohl die »schweren Gegenstände« die Mutter selbst, gegen welche sich der Zorn des Kindes richtet, solange das neue Kind noch nicht da ist. Der dreieinhalbjährige

Knabe weiß um die Schwangerschaft der Mutter und ist nicht im Zweifel darüber, daß sie das Kind in ihrem Leibe beherbergt. Man muß sich hierbei an den »kleinen Hans«[5] erinnern und an seine besondere Angst vor schwer beladenen Wagen[6]. An der zweiten Beobachtung ist das frühe Alter des Kindes, zweieinhalb Jahre, bemerkenswert.

Wenn wir nun zur Kindheitserinnerung Goethes zurückkehren und an ihrer Stelle in ›Dichtung und Wahrheit‹ einsetzen, was wir aus der Beobachtung anderer Kinder erraten zu haben glauben, so stellt sich ein tadelloser Zusammenhang her, den wir sonst nicht entdeckt hätten. Es heißt dann: Ich bin ein Glückskind gewesen; das Schicksal hat mich am Leben erhalten, obwohl ich für tot zur Welt gekommen bin. Meinen Bruder aber hat es beseitigt, so daß ich die Liebe der Mutter nicht mit ihm zu teilen brauchte. Und dann geht der Gedankenweg weiter, zu einer anderen in jener Frühzeit Verstorbenen, der Großmutter, die wie ein freundlicher, stiller Geist in einem anderen Wohnraum hauste.

Ich habe es aber schon an anderer Stelle ausgesprochen: Wenn man der unbestrittene Liebling der Mutter gewesen ist, so behält man fürs Leben jenes Eroberungsgefühl, jene

[5] ›Analyse der Phobie eines fünfjährigen Knaben.‹

[6] Für diese Symbolik der Schwangerschaft hat mir vor einiger Zeit eine mehr als fünfzigjährige Dame eine weitere Bestätigung erbracht. Es war ihr wiederholt erzählt worden, daß sie als kleines Kind, das kaum sprechen konnte, den Vater aufgeregt zum Fenster zu ziehen pflegte, wenn ein schwerer Möbelwagen auf der Straße vorbeifuhr. Mit Rücksicht auf ihre Wohnungserinnerungen läßt sich feststellen, daß sie damals jünger war als zweidreiviertel Jahre. Um diese Zeit wurde ihr nächster Bruder geboren und infolge dieses Zuwachses die Wohnung gewechselt. Ungefähr gleichzeitig hatte sie oft vor dem Einschlafen die ängstliche Empfindung von etwas unheimlich Großem, das auf sie zukam, und dabei »wurden ihr die Hände so dick«.

Zuversicht des Erfolges, welche nicht selten wirklich den Erfolg nach sich zieht. Und eine Bemerkung solcher Art wie: Meine Stärke wurzelt in meinem Verhältnis zur Mutter, hätte Goethe seiner Lebensgeschichte mit Recht voranstellen dürfen.

Sigmund Freud

Ansprache im Frankfurter Goethe-Haus

Meine Lebensarbeit war auf ein einziges Ziel eingestellt. Ich beobachtete die feineren Störungen der seelischen Leistung bei Gesunden und Kranken und wollte aus solchen Anzeichen erschließen – oder, wenn Sie es lieber hören: erraten–, wie der Apparat gebaut ist, der diesen Leistungen dient, und welche Kräfte in ihm zusammen- und gegeneinander wirken. Was wir, ich, meine Freunde und Mitarbeiter, auf diesem Wege lernen konnten, erschien uns bedeutsam für den Aufbau einer Seelenkunde, die normale wie pathologische Vorgänge als Teile des nämlichen natürlichen Geschehens verstehen läßt.

Von solcher Einengung ruft mich Ihre mich überraschende Auszeichnung zurück. Indem sie die Gestalt des großen Universellen heraufbeschwört, der in diesem Hause geboren wurde, in diesen Räumen seine Kindheit erlebte, mahnt sie, sich gleichsam vor ihm zu rechtfertigen, wirft sie die Frage auf, wie *er* sich verhalten hätte, wenn sein für jede Neuerung der Wissenschaft aufmerksamer Blick auch auf die Psychoanalyse gefallen wäre.

An Vielseitigkeit kommt Goethe ja Leonardo da Vinci, dem Meister der Renaissance, nahe, der Künstler und Forscher war wie er. Aber Menschenbilder können sich nie wiederholen, es fehlt auch nicht an tiefgehenden Unterschieden zwischen den beiden Großen. In Leonardos Natur vertrug sich der Forscher nicht mit dem Künstler, er störte ihn und erdrückte ihn vielleicht am Ende. In Goethes Leben fanden beide Persönlichkeiten

Raum nebeneinander, sie lösten einander zeitweise in der Vorherrschaft ab. Es liegt nahe, die Störung bei Leonardo mit jener Entwicklungshemmung zusammenzubringen, die alles Erotische und damit die Psychologie seinem Interesse entrückte. In diesem Punkt durfte Goethes Wesen sich freier entfalten.

Ich denke, Goethe hätte nicht, wie so viele unserer Zeitgenossen, die Psychoanalyse unfreundlichen Sinnes abgelehnt. Er war ihr selbst in manchen Stücken nahegekommen, hatte in eigener Einsicht vieles erkannt, was wir seither bestätigen konnten, und manche Auffassungen, die uns Kritik und Spott eingetragen haben, werden von ihm wie selbstverständlich vertreten. So war ihm z. B. die unvergleichliche Stärke der ersten affektiven Bindungen des Menschenkindes vertraut. Er feierte sie in der Zueignung der »Faust«-Dichtung in Worten, die wir für jede unserer Analysen wiederholen könnten:

»Ihr naht euch wieder, schwankende Gestalten,
Die früh sich einst dem trüben Blick gezeigt.
Versuch' ich wohl, euch diesmal festzuhalten?«
– – – – – – – – – – – –
»Gleich einer alten, halbverklungnen Sage
Kommt erste Lieb' und Freundschaft mit herauf.«

Von der stärksten Liebesanziehung, die er als reifer Mann erfuhr, gab er sich Rechenschaft, indem er der Geliebten zurief: »Ach, du warst in abgelebten Zeiten meine Schwester oder meine Frau.«

Er stellte somit nicht in Abrede, daß diese unvergänglichen ersten Neigungen Personen des eigenen Familienkreises zum Objekt nehmen.

Den Inhalt des Traumlebens umschreibt Goethe mit den so stimmungsvollen Worten:

»Was von Menschen nicht gewußt
Oder nicht bedacht,
Durch das Labyrinth der Brust
Wandelt in der Nacht.«

Hinter diesem Zauber erkennen wir die altehrwürdige, unbestreitbar richtige Aussage des Aristoteles, das Träumen sei die Fortsetzung unserer Seelentätigkeit in den Schlafzustand, vereint mit der Anerkennung des Unbewußten, die erst die Psychoanalyse hinzugefügt hat. Nur das Rätsel der Traumentstellung findet dabei keine Auflösung.

In seiner vielleicht erhabensten Dichtung, der ›Iphigenie‹, zeigt uns Goethe ein ergreifendes Beispiel einer Entsühnung, einer Befreiung der leidenden Seele von dem Druck der Schuld, und er läßt diese Katharsis sich vollziehen durch einen leidenschaftlichen Gefühlsausbruch unter dem wohltätigen Einfluß einer liebevollen Teilnahme. Ja, er hat sich selbst wiederholt in psychischer Hilfeleistung versucht, so an jenem Unglücklichen, der in den Briefen Kraft genannt wird, an dem Professor Plessing, von dem er in der ›Champagne in Frankreich‹ erzählt, und das Verfahren, das er anwendete, geht über das Vorgehen der katholischen Beichte hinaus und berührt sich in merkwürdigen Einzelheiten mit der Technik unserer Psychoanalyse. Ein von Goethe als scherzhaft bezeichnetes Beispiel einer psychotherapeutischen Beeinflussung möchte ich hier ausführlich mitteilen, weil es vielleicht weniger bekannt und doch sehr charakteristisch ist. Aus einem Brief an Frau v. Stein (Nr. 1444 vom 5. September 1785):

»Gestern Abend habe ich ein psychologisches Kunststück gemacht. Die Herder war immer noch auf das Hypochondrischste gespannt über alles, was ihr im Carlsbad unangenehmes begegnet war. Beonders von ihrer Hausgenossin. Ich ließ mir alles erzählen und beichten, fremde Untaten und eigene Fehler mit den kleinsten Umständen und Folgen, und zuletzt absolvirte ich sie und machte ihr scherzhaft unter dieser Formel begreiflich, daß diese Dinge nun abgethan und in die Tiefe des Meeres geworfen seyen. Sie ward selbst lustig darüber und ist würklich kurirt.«

Den Eros hat Goethe immer hochgehalten, seine Macht nie zu verkleinern versucht, ist seinen primitiven oder selbst mutwilligen Äußerungen nicht minder achtungsvoll gefolgt wie seinen hochsublimierten und hat, wie mir scheint, seine Wesenseinheit durch alle seine Erscheinungsformen nicht weniger entschieden vertreten als vor Zeiten Plato. Ja, vielleicht ist es mehr als zufälliges Zusammentreffen, wenn er in den ›Wahlverwandtschaften‹ eine Idee aus dem Vorstellungskreis der Chemie auf das Liebesleben anwendete, eine Beziehung, von der der Name selbst der Psychoanalyse zeugt.

Ich bin auf den Vorwurf vorbereitet, wir Analytiker hätten das Recht verwirkt, uns unter die Patronanz Goethes zu stellen, weil wir die ihm schuldige Ehrfurcht verletzt haben, indem wir die Analyse auf ihn selbst anzuwenden versuchten, den großen Mann zum Objekt der analytischen Forschung erniedrigten. Ich aber bestreite zunächst, daß dies eine Erniedrigung beabsichtigt oder bedeutet.

Wir alle, die wir Goethe verehren, lassen uns doch ohne viel Sträuben die Bemühungen der Biographen gefallen, die sein Leben aus den vorhandenen Berichten und Aufzeichnungen wiederherstellen wollen. Was aber sollen uns diese Biographien leisten? Auch die beste und vollständigste könnte die beiden Fragen nicht beantworten, die allein wissenswert scheinen.

Sie würde das Rätsel der wunderbaren Begabung nicht aufklären, die den Künstler macht, und sie könnte uns nicht helfen, den Wert und die Wirkung seiner Werke besser zu erfassen. Und doch ist es unzweifelhaft, daß eine solche Biographie ein starkes Bedürfnis bei uns befriedigt. Wir verspüren dies so deutlich, wenn die Ungunst der historischen Überlieferung diesem Bedürfnis die Befriedigung versagt hat, z. B. im Falle Shakespeares. Es ist uns allen unleugbar peinlich, daß wir noch immer nicht wissen, wer die Komödien, Trauerspiele und Sonette Shakespeares verfaßt hat, ob wirklich der ungelehrte Sohn des Stratforder Kleinbürgers, der in London eine bescheidene Stellung als Schauspieler erreicht, oder doch eher der hochgeborene und feingebildete, leidenschaftlich unordentliche, einigermaßen deklassierte Aristokrat Edward de Vere, siebzehnter Earl of Oxford, erblicher Lord Great Chamberlain von England. Wie rechtfertigt sich aber ein solches Bedürfnis, von den Lebensumständen eines Mannes Kunde zu erhalten, wenn dessen Werke für uns so bedeutungsvoll geworden sind? Man sagt allgemein, es sei das Verlangen, uns einen solchen Mann auch menschlich näherzubringen. Lassen wir das gelten; es ist also das Bedürfnis, affektive Beziehungen zu solchen Menschen zu gewinnen, sie den Vätern, Lehrern, Vorbildern anzureihen, die wir gekannt oder deren Einfluß wir bereits erfahren haben, unter der Erwartung, daß ihre Persönlichkeiten ebenso großartig und bewundernswert sein werden wie die Werke, die wir von ihnen besitzen.

Immerhin wollen wir zugestehen, daß noch ein anderes Motiv im Spiele ist. Die Rechtfertigung des Biographen enthält auch ein Bekenntnis. Nicht herabsetzen zwar will der Biograph den Heros, sondern ihn uns näherbringen. Aber das heißt doch die Distanz, die uns von ihm trennt, verringern, wirkt doch in der Richtung einer Erniedrigung. Und es ist unvermeidlich, wenn wir vom Leben eines Großen mehr erfahren, werden wir auch von Gelegenheiten hören, in denen er es wirklich nicht besser gemacht hat als wir, uns menschlich wirklich nahegekommen ist. Dennoch meine ich, wir erklären die Bemühungen der Biographik für legitim. Unsere Einstellung zu Vätern und Lehrern ist nun einmal eine ambivalente, denn unsere Verehrung für sie deckt regelmäßig eine Komponente von feindseliger Auflehnung. Das ist ein psychologisches Verhängnis, läßt sich ohne gewaltsame Unterdrückung der Wahrheit nicht ändern und muß sich auf unser Verhältnis zu den großen Männern, deren Lebensgeschichte wir erforschen wollen, fortsetzen.

Wenn die Psychoanalyse sich in den Dienst der Biographik begibt, hat sie natürlich das Recht, nicht härter behandelt zu werden als diese selbst. Die Psychoanalyse kann manche Aufschlüsse bringen, die auf anderen Wegen nicht zu erhalten sind, und so neue Zusammenhänge aufzeigen in dem Webermeisterstück, das sich zwischen den Triebanlagen, den Erlebnissen und den Werken eines Künstlers ausbreitet. Da es eine der hauptsächlichsten Funktionen unseres Denkens ist, den Stoff der Außenwelt psychisch zu bewältigen, meine ich, man müßte der Psychoanalyse danken, wenn sie auf den großen Mann angewendet zum Verständnis seiner großen Leistung beiträgt. Aber ich gestehe, im Falle von Goethe haben wir es noch nicht weit gebracht. Das rührt daher, daß Goethe nicht nur als Dichter ein großer Bekenner war, sondern auch trotz der Fülle autobiographischer Aufzeichnungen ein sorgsamer Verhüller. Wir können nicht umhin, hier der Worte Mephistos zu gedenken:

»Das Beste, was du wissen kannst,
Darfst du den Buben doch nicht sagen.«

Hugo von Hofmannsthal
Die Briefe des jungen Goethe

An den Schiffsleutnant E. K.

Du kommst jetzt zum Lesen, hie und da, eine halbe Stunde zwischen dem Dienst, und ich soll Dir ein Buch über Goethe schicken, am liebsten das, woraus ich einmal vorgelesen habe, wie er, ein ganz alter Mann, mit einem jungen Menschen und zwei jungen Damen nach einem Schloß hinausfuhr und, während sie miteinander frühstückten, die tiefsten und rührendsten Dinge über das menschliche Dasein zu ihnen sprach, und wie er dann am Nachmittag die jungen Leute allein ließ und ins Tal hinabstieg, und sie ihm lange noch nachblickten, er aber, in seinen Mantel gehüllt, bückte sich hie und da zur Erde und schlug mit seinem Hammer prüfend ans Gestein und sie fühlten, daß es mehr als ein Mensch war, der da ihren Blicken entschwand.

Welches Buch das ist, weiß ich wohl: es sind die ›Unterhaltungen mit Goethe‹, welche der Kanzler von Müller aus dem Gedächtnis aufgeschrieben hat, und im April 1828 war der schöne Tag und Dornburg war das Schlößchen, und Friedrich von Müller selbst war der junge Mensch und die jungen Mädchen waren die beiden Egloffstein. Nur Namen, und alles doch so verklärt von dieser sinkenden Sonne, so brennend in diesem Widerschein, wie die letzten Fichten am Bergkamm. Wer dächte daran, daß sie gewöhnliche Bäume sind, Bäume wie alle anderen, der sie hat glühen gesehen wie die Monstranz!

Aber dieses Buch ist mir nicht zur Hand. Es muß es jemand fortgenommen haben. So will ich Dir etwas über seine Jugend schicken, vielmehr nichts über ihn, sondern was aus seiner Jugend selber heraustropft, wie der Saft aus den angeschnittenen üppigen jungen Stämmen im Frühjahre. Es sind die Briefe seiner Jugendjahre. Du weißts oder weißts nicht, man sammelt jetzt alles, was sich von seiner Hand erhalten hat, jeder Zettel, desgleichen jedes aufgezeichnete Wort von solchen, die mit ihm Gespräche hatten. Wie recht man daran tut, das zu ermessen gehört einige Reife, denn es gibt nicht wenige recht scheinbare Gründe dafür, es heftig anzugreifen. Genug, in dieser großen Weimarer Ausgabe füllen die Briefe allein sechsunddreißig starke Bände. Aus diesen die vorzüglichsten, sechs Bände, gibt ein Verlag (Cotta) heraus, und davon schicke ich Dir hier den ersten. Es sind die Briefe, die er 1765–1779 geschrieben hat, also zwischen seinem fünfzehnten und dreißigsten Jahr, und ist kein übermäßig dickes Buch.

Du verlangst aber auch von mir zu wissen, wie Dus lesen sollst. Lies es ohne Vorurteil. Denk, hier redet ein junger Mensch. Laß ihn nicht seinen Namen Goethe wie den Medusenschild mit sich tragen und Dich damit versteinern. Sondern laß den verspielten, den leidenschaftlichen und den weltklugen Ton seiner Rede in Dein Ohr fallen wie die Sätze eines neuen Freundes. Hast Du nicht bei Freunden und Freundinnen schon oft starke Freude daran gehabt, wie einer redet? Und nicht schon Freundschaften geschlossen um eines Gespräches willen, in der Nacht auf einer japanischen Hotelterrasse, zwischen bunten Papierlaternen, oder reitend auf Maultieren einen feuerspeienden Berg hinan, oder während einer ernsten finsteren Nachtwache, oder im Fechtsaal, oder da, oder dort? Hast Du nicht selber so viele Briefe weggeschickt, von den Bubenjahren an, hingekritzelt, spät in der Nacht mit halbgeschlossenen Augen? und empfangen: die langen, langen, auf dünnem überseeischen Briefpapier, die von weither kamen, die fremde Ortsnamen vertraulich aussprachen, aus denen mit dem Duft eines Frauenhaares der Duft eines fernen Weltteiles herüberwehte, das Settlement am stillen schilfigen Fluß, der Flug schwarzer Schwäne darüber hin, ein seltsamer Laut in der Luft, ein seltsames Singen und plätscherndes Rudern, ein Herangleiten des seltsam geformten Bootes, gehöhlt aus einem dunklen Stamm, duftend wie Sandelholz, und stärker als das alles, und verflochten diesem allen, ein Sich-Begrüßen, ein Sich-gut-Kennen, so schnell, so schnell, und der Hauch eines Abends, der Duft einer Wange, einer Schläfe, mit den Lippen gestreift, bis ins Mark gefühlt, einmal gefühlt und nicht wieder. Welch ein Traum in einem Traum! und doch, es gibt Briefe, in denen er fortlebt. Und jene anderen Briefe, so kurz, und deren Weg so kurz, die zwei-, dreimal im Tag zwischen Liebenden hin und wider taumeln, atemlos, und an der Hast ihres Fluges zu sterben scheinen, wie eine von ihrem eigenen Blut erdrückte Taube.

Und Briefe der Freundschaft, solche, wie wir sie einander geschrieben haben, Tagebücher in Briefen, von einem zum andern gesandt, als säße man in einem Lusthaus und hätte einen Spiegel drin, der klein aber scharf und fein das Leben eines entfernten Freundes vorzaubert, sein Aufstehen und Schlafengehen, wie er rudert auf dem See, wie er ans Land springt zwischen den Büschen, einem hellen Kleide nach, als wärs ein Schmetterling ... Alles das, wie Dus in der Schreibtischlade selber liegen hast oder daheim in der großen Briefschatulle, so ists hier in dem Buch, nur daß es hundertunddreißig Jahre alt ist und eine Luft durch und durch weht, eine feuchtende ahnende Morgenluft – die kann ich Dir nicht vorweg beschreiben, die mußt Du fühlen.

Aber auch um uns war Morgenluft und ist es noch, an schönen Tagen, wo es uns wohl wird. So schlag das Buch auf. Wirklich, denk nicht: Goethe, Goethe, sondern lies, denk, Du kommst in mein Zimmer und findest einen jungen Menschen bei mir sitzen, der Dir auf den ersten Blick gefällt, aber nicht eben übermäßig. Wenn er einen hübschen Satz sagt, rückst Du näher. Und auf einem herrlichen Wort, einer Wendung, die einem durch und durch geht, da ruhe dann aus. So wirst Du es schon am Ende fühlen: Goethe!

Sein äußeres Leben, damit ich das erwähne, bevor Du aufschlägst, war von den gewöhnlichsten. Er war wohlhabender Leute Kind, konnte sich hie und da einen gestickten Rock und schöne Manschetten anschaffen, nicht zu oft. Seine Reisen waren häufig, aber was für welche: von Frankfurt nach Kassel, nach Ems, nach Pempelfort und wieder zurück. Allenfalls über Basel nach der Schweiz, oder östlich bis Leipzig. Einmal sollte er nach Paris, kam aber nicht hin. Bekanntschaften machte er überall, mit Lust, und viele. Und eine davon, ein junger regierender Herzog zog ihn dann dorthin, wo die weiteren Jahrzehnte seines Lebens verliefen: nach Weimar. Wie er dann schreibt, wenn er einmal über Land reitet, zu einer großen Feuersbrunst mit einem Kommando Husaren, oder einer Räuberbande nach, oder um einen Straßenbau im Herzogtum zu prüfen, und dann von seinem gnädigen Herrn, der ihn als seinen Bruder hält, ein paar Tage getrennt ist, das waren zufällig die ersten Briefe, die ich aufschlug, als ich das Buch bekam. Da ist einer: – Nein. Ich will nichts herausreißen. Und es läßt sich auch nichts herausreißen. Hier ist das Buch.

Hugo von Hofmannsthal

Unterhaltung über den ›Tasso‹ von Goethe

Man war zur Stadt und ins Theater gefahren, da ein kühltrüber Nachmittag mitten in die Zeit stärkster Rosenblüte, flammend heißer Tage, überstark duftender Abende eingefallen war. Es wurde der ›Tasso‹ gespielt. Im Nachhausefahren ließ man den Wagen aufschlagen. Noch tropften die Zweige, aber der feuchten Kühle mischten sich, wie man ohne Ende an Gärten und Gärten vorbeikam, Ströme lauerer Luft, hauchender Duft von offenen Rosen und der starke Duft der Rainweide; auch drang an einer Stelle des Himmels ein gelblich schwacher Schein vom Mond hervor. Die zwei Frauen und zwei Männer in dem bequemen, ruhig dahinrollenden Landauer sprachen wenig, sie waren Freunde, das eine Paar bei dem anderen zu Gast, und fanden sonst in sich und dem Leben der Welt, an dem sie alle vier einen lebhaften Anteil hatten, unerschöpflichen Stoff des Gesprächs. Aber man hatte – und jeder von den vier zum erstenmal im Leben – den ›Tasso‹ gesehen, man hatte Kainz den Tasso spielen sehen, und die Phantasie, für vierthalb Stunden überstark gefesselt, konnte sich von diesen Bildern weder entfernen noch sich ihrer durch Worte entladen. Wie ein zu starker Schein quälend im Auge nachfunkelt, brachte in diesen vier so verschiedenen Menschen der innere Sinn immer wieder das Nachbild der Töne und Gebärden hervor, in denen geistige Qualen sich hier, geisterhaft verkörpert, allen äußeren Sinnen preisgegeben hatten. Der Mann, der dies vermocht hatte, erschien geheimnisvoll und beunruhigend. Das Dichterwerk selbst, das scheinbar wohlgekannte, hatte eine drohende und spannende Miene angenommen. Man war aufgewühlt, in einer Spannung, die anfing zu quälen, weil sie kein Ziel mehr hatte, man war bereichert und zugleich verstört. Das Unfaßliche jeder solchen Leistung, das Unfaßliche auch jedes geschaffenen Werkes war in eine ungewohnte Nähe gerückt.

Einzelne Momente, das blitzhafte Durchbrechen der nackten Seele, in gewissen Gebärden, hörten nicht auf, sich im Gedächtnis zu wiederholen: die Handbewegung, mit der er Antonio nach der scheinbaren Versöhnung – Tasso nun entschlossen, sich zu verstellen, zu scheinen, zu trügen wie jene – zum Sitzen einlädt; die unvergleichliche Wahrheit des Selbstgesprächs, die so sehr als der natürliche Zustand dieses Menschen erscheint, aus dem seiner Seele Inhalt heraustritt, daß fast der wiederaufgenommene Dialog als das Fremde, Befremdliche gefühlt wird, neben jenem schleierlosen Hintaumeln der gehetzten Seele; das Darbieten der eigenen Hand, das Ergreifen der Hand des anderen, endlich der unglaubliche Abschied von jenen, die ihn nicht mehr hören, und darauf das unglaubliche Niederbrechen.

Man stieg schweigend aus dem Wagen, setzte sich zu Tisch und redete während des kurzen Nachtmahls von belanglosen Dingen. Erst bei den Früchten wandte sich die Unterhaltung auf ›Tasso‹ zurück, indem die Hausfrau ziemlich unvermittelt sagte: »Ich weiß nicht, ob hier nicht eigentlich etwas Undarstellbares dargestellt ist.« »Wie meinst du das?« fragte ihr Mann, der Dichter. »Möchtest du dich nicht etwas erklären?« »Ich meine es so«, sagte sie: »Dadurch, daß hier Goethe es versucht hat, Menschen der guten Gesellschaft, und gerade insofern sie Menschen der Gesellschaft sind, zum Gegenstand eines Stückes zu machen, dadurch ist etwas Erzwungenes entstanden oder etwas zur Hälfte Unwahres.« »Warum denn? Inwiefern denn?« fragte wieder der Dichter, indes der Major aufmerksam von seinen Himbeeren aufsah und die Baronin mit einem leichten Nicken der Hausfrau, erratend oder verstehend, zu Hilfe kam. »Darum, vielleicht, weil Menschen der Gesellschaft sich heutzutage, wenigstens neunundneunzig unter hundert von ihnen, weder so zu durchschauen, noch so auszudrücken vermögen, was in ihnen vorgeht?« – »Er meint«, warf die Baronin hinein, »wenigstens die Frauen vermöchten es gewiß nicht.« »Nein«, sagte die Hausfrau lebhaft, »ob nicht können oder nicht wollen weiß ich nicht, aber die Anlässe zu dem meisten, was hier gesagt wird, würden in wirklich guter Gesellschaft vermieden werden, weggeräumt, bevor die Nötigung sich zeigte, alles durch viel Reden gut oder eigentlich schlimm und schlimmer zu machen.« »Da treffen Sie gerade etwas«, sagte der Major, »was mich in den neueren bürgerlichen Dramen immer so ärgert und ungeduldig macht, daß ich sie meistens kaum zu Ende hören kann: Da scheinen mir alle Vorgänge und Konflikte, von Szene zu Szene, recht eigentlich nur dadurch herbeigeführt, daß sich die Leute in einer unmöglichen Weise betragen und die denkbar schlechteste Manier an den Tag legen. Mit dem bescheidensten Aufwand an natürlichem Takt, an notdürftiger Zurückhaltung und so viel Respekt vor sich und vor anderen, als auch bei sehr einfachen Menschen im Leben recht häufig ist, würden die meisten dieser Zusammenstöße und Verwicklungen vermieden und das Ganze in sich zusammenfallen.« »Aber hier«, sagte der Hausherr beinahe ungeduldig, »hier weiß ich wirklich nicht, was ihr beide wollt. Ist nicht im Gegenteil in diesem Stück gerade das, was das Zusammenleben einer Gruppe geistiger und kultivierter Menschen bestimmt und regiert, in einer unvergleichlichen Weise nicht gesagt, sondern gezeigt?

Wie wahr ist der Zustand vergegenwärtigt, der sich einstellen muß, wenn ein älterer Freund nach langer Abwesenheit zurückkehrt und seinen Platz von einem Neuen, Jüngeren besetzt findet. Wie drückt sich uns gleich durch die ersten Wechselreden nach Antonios Kommen das Peinliche, kaum Haltbare dieses Zustandes ein, wie empfinden wir mit der Prinzessin, die schon ganz gequält dasitzt und sogleich alles tun möchte ...« – Bei der Erwähnung der Prinzessin verzog die Hausfrau ein wenig ihr Gesicht, und die Baronin lächelte. Der Dichter aber schien es nicht zu bemerken und fuhr fort: »Wie wunderbar fein ist diese Führung, daß die Sanvitale eigennützig alles verwirrt und niemand ihr das Spiel aufdeckt, weil jeder zu sehr mit sich und der Figur, die er macht, beschäftigt ist, wie unvergleichlich dieser Zug, daß Antonio die nicht ganz reine Situation und das an Tasso Tadelnswerte, Verführerhafte sogleich und besser durchschaut als die Beteiligten selbst. Wie wirkt in diesem Ganzen Gewicht gegen Gewicht, wie ist das Treibende und das Retardierende so einzig aus diesen Seelen herausgeholt und so unlöslich verzahnt, daß man immerfort zu ruhen und tief in Menschen hineinzublicken vermeint und dabei doch so lautlos als jäh vom Strom eines unaufhaltsamen Geschehens mitgerissen wird.« Es schien, er wollte noch weitersprechen, aber der Major, mit der Andeutung eines Lächelns in der Stimme, sagte ohne aufzusehen: »Es scheint, die Damen haben etwas gegen die beiden weiblichen Figuren auf dem Herzen, oder besonders gegen die Prinzessin.« »Ja«, sagte entschlossen die Hausfrau und wurde für einen Augenblick rot, »ich mag sie nicht. Wie sie über ihre Leiden und ihr verpfuschtes Leben klagt, ist sie mir erträglich, aber auch nur erträglich, eben wie eine Kranke, und lange nicht sympathisch. Sonst aber würde ich sie zu denen rechnen, denen ich in einem Salon auf zwanzig Schritte ausweichen wollte, und da ich sie hier immerfort anhören oder von ihr sprechen hören muß, so verdirbt sie mir das halbe Stück. Wie sie zu dem verliebten Tasso redet, ist nicht angenehm; wie sie aber über ihn redet, das ist einfach abscheulich.

Ich trieb den Jüngling an; er gab sich ganz;
Wie schön, wie warm ergab er ganz sich mir!

Was für ein Ton! Eine gouvernantenhafte, schöngeistige Hoheit. Ich habe diese zwei Zeilen immer so gehaßt, daß ich sie in meinem Goethe mit dem Radiermesser auskratzen möchte.« »Dafür kannst du sie aber auswendig«, sagte ihr Mann, doch fuhr sie gleich fort: »Und dabei weiß ich nicht, was sie will. Die Sanvitale ist auch unglaublich unsympathisch, aber die weiß wenigstens was sie will, solche Frauen gibts und hats immer gegeben, so stell ich mir die Fürstin W. vor, eine solche Frau war die Sophie L.; Frauen, die eine Position und einen recht guten Mann und ein Haus voll Kinder haben und noch dazu einen Dichter oder sonstigen großen Mann hinter sich herschleppen müssen; kaltherzig ist sie, mesquine, intrigant und taktlos, daß man für sie rot werden möchte, aber sie weiß, was sie will. Die Prinzessin aber, ja was glaubt die eigentlich? Was will sie, und was will sie nicht? Den Leuten Kränze aufsetzen und ihnen halbverdeckte Erklärungen machen und dann:

Nicht weiter, Tasso! Viele Dinge gibts,
Die man mit Leidenschaft ergreifen darf;
Doch andre können nur durch Mäßigung
Und durch Entbehren unser werden:
So, sagt man, sei die Liebe, das bedenke wohl.

Das soll goutieren, wer will. Ich mag sie nicht. Ich mag sie nicht.«

Die anderen lachten etwas, und die junge Frau wurde nun ganz rot, und es verging nicht so schnell wieder. Aber sie hatte noch etwas zu sagen: »Und dabei glaube ich, daß Goethe eine schöne Gestalt machen wollte, keine unsympathische Hoheit. Ich glaube, es hätte eine solche in sich ruhende Frau werden sollen, deren scheinbare Einfachheit eigentlich ein mit der zartesten Haltung ertragener innerer Reichtum ist, eine von unglaublicher Feinfühligkeit beherrschte Kompliziertheit. Ich meine eine Figur wie die Stiftsdame, von der die ›Bekenntnisse der schönen Seele‹ sind, oder wie die Ottilie in den ›Wahlverwandtschaften‹. Aber für eine solche Durchsichtigkeit ist wahrscheinlich in einem Drama kein Platz, und weil im Dama die Figuren sich nur durch Reden zeigen können, nicht durch stilles Dasein und lautloses Reflektieren der Welt in ihrem durchscheinenden Innern, so hat ihn hier, denk ich, das Metier gezwungen, die schönste Figur zu verderben, indem er sie über sich reden und deklamieren läßt, wo es ihre Sache wäre, sowohl als große Dame wie als eine schöne Seele, gerade nicht zu reden, schweigend, sich effacierend zu wirken und zu leiden. Das habe ich gemeint, wie ich früher sagte, er scheint mir hier etwas Undarstellbares darzustellen. Deswegen geht mir auch nur die Figur des Tasso nahe, und den stellt er ja auch gleich heraus, indem er ihm den Kranz aufsetzen läßt. Dadurch ist er kostümiert, und die anderen werden alle seine Zuseher, er aber ist in seinem Element, wenn er sich und anderen eine unheimliche, die Seelen aufwühlende Komödie vorspielt, und so ist er freilich die herrlichste Aufgabe für einen großen Schauspieler. Denn ich glaube, nichts ist auf der Bühne so schön, als wenn einer einen spielt, der sich selber ›spielt‹, wenn nämlich die Figur der Mühe wert ist.«

So blieb die Prinzessin unverteidigt, die beiden Frauen

standen dann auf, wollten noch in den oberen Zimmern die drei Kinder schlafen sehen, indessen die beiden Männer ins Bücherzimmer gingen. »Wie durchaus die Frauen am Stofflichen kleben«, sagte der Major auf dem Weg dahin. »Ich habe gesehen, meine Frau war ganz der Ansicht der deinigen und sie behandelten die beiden weiblichen Gestalten völlig als zwei Damen unserer Gesellschaft, gegen die sie Front machen wollten.« »Das ist schließlich ganz gut«, antwortete der Dichter, »so hängt doch die ganze Geschichte nicht gar so in der Luft. Die Leute, die ein Ganzes genießen, sind gar selten.« »Ich kann sagen«, gab der Major zurück, »ich habe heute das Ganze dieses Dramas in hohem Maße genossen, und zwar zum erstenmal, obwohl ich das Gedicht seit meiner Kadettenzeit mehrmals in der Hand gehabt habe, das letzte Mal sogar seltsamerweise während der großen Manöver von 1902, da ich auf einem Schloß in der Lausitz in dem Zimmer, worin ich einquartiert war, das Buch fand und zufällig, während eines gezwungen untätigen Nachmittags, ganz durchlas. Diese früheren Male war es aber doch immer der fabelhafte innere Reichtum in den einzelnen Reden, der mich berauschte, aber heute ist mir zum erstenmal das Verhältnis des Antonio zu Tasso wirklich aufgegangen, und damit auch der Sturz des Ganzen dem Ende zu. Ich weiß nicht, was die Leute wollen, die das nicht dramatisch nennen. Und ich habe es früher selbst nachgeredet.« »Weil es Goethes Drama ist«, fiel der Dichter lebhaft ein, »und nicht Shakespeares Drama, das ist alles. Wenn man nur endlich aufhören wollte, vom Drama im allgemeinen zu sprechen.«

Es trat ein Schweigen ein. Der Major rauchte, der Dichter sah erst nach dem Barometer, dann am offenen Fenster nach dem nächtlichen Himmel, dessen Miene ungewiß war. Von unten rauschte die große Linde und ließ noch einzelne große Tropfen fallen, in einem oberen Zimmer hörte man die zwei Frauen leise reden. Der Dichter trat aus dem Fenster in den Schein der Lampe zurück. »Es bleibt ein unergründliches Werk«, sagte er, »man kann darum herumgehen wie um einen allerbesten griechischen Torso, wie ihrer ein paar in Neapel in dem Saal der Psyche stehen, und man kommt aus dem Staunen nicht heraus. Man geht nach Haus, man meint, einen solchen Marmorleib zu kennen, man tritt den nächsten Morgen wieder davor hin, und es fährt einem das Staunen aufs neue wie ein Schrecken durch die Glieder. Das Gedächtnis war nicht stark genug, dies Ineinander von Grandiosem und Blühendem, von Selbstverständlichem und Unfaßlichem irgendwie in sich zu bewahren. Eigentlich wird man einem solchen Gebilde nur in dem Augenblicke gerecht, wo man davor steht: aber ums Gerechtwerden handelt sichs ja gar nicht, kaum ums Begreifen, sondern um ein höchstes Genießen, und das ist flüchtig wie der Blitz, ist ein zuckendes Ahnen, flüchtigste Intuition, ist ein raumloses, zeitloses: Ich habs gefühlt! So wars mir heute, während dieser Aufführung. Dieser grandiose Wille der Durchführung, diese nirgends erschlaffende Bezogenheit aller Teile und dabei dieses blühende Leben des Augenblicks in jedem Vers. Dieses Nieverlassen einer geheimnisvoll gefundenen Distanz, und zugleich dieses Vibrieren, dieses Wechseln der Spannung im Vordersten. Genau so ist einem zumute, wie dort vor dem alten, von Leben starrenden und doch dem niedrigen Leben so fernen Marmor. Man staunt von Vers zu Vers, wie dort von Form zu Form; die Übergänge sind es, die man am tiefsten bewundern möchte: da erkennt man, daß alles Übergang ist, alles fließende Bewegung, alles zugleich Weg und Ziel, Streben und Ruhepunkt. – Und die Gestalten, sie sind ja mehr, sind etwas anderes als Gestalten. Hier ist eine andere

Welt als die Welt Shakespeares. Hier ist, was dort aus den Figuren heraustritt als ein tatsächliches Tun, in sie hineingenommen als ein stets mögliches Tun, ein formgewordenes Tun. Tasso und Antonio: ja sie sind einander bis zur Auflösung gefährlich, indem sie bloß da sind. Sie sind jeder ein grenzenloser Zustand, wie Werther der grenzenlose Zustand der Jugend ist. Denn ich rechne auch den Werther zu Goethes Dramen, vor allem aber die ›Wahlverwandtschaften‹. Wir sehen etwas sich vollziehen, was nicht aufzuhalten ist. Das Ereignis selbst, durch das scheinbar alles ins Rollen kommt, ist belanglos, ja es ist wesenlos, ist bloßer Augentrug, wie die Form des Springbrunnens, die Form der Welle. Wie die Welle nichts ist als das Sichtbarwerden von Bewegendem und Widerstehendem, darum, wenn sie zusammensinkt, sich immer wieder erneut und einfach nicht fortzuräumen ist, so geht es hier. Versöhnt, unversöhnt, begütigt, gereizt, immer gleich stehen sich die beiden gegenüber: in ihnen steht für uns die Widersinnigkeit der Welt zu schmerzlichem Genuß. Wir sehen es schon längst vollzogen, sehen es immer aufs neue bereit, sich zu vollziehen. Das Geschehen wird symbolisch. Wir erkennen die Signatur von Menschen. Eigentlich geschieht nichts. Es entschleiert sich etwas. Und nicht etwas, das einmal geschehen ist, sondern ein unabänderliches Verhältnis.«

»Daß man es erträgt«, sagte der Major. »Daß es einen nicht erstarren macht!«

»Das«, erwiderte der andere, »ist wohl das Geheimnis dessen, der es gemacht hat, sein ganz persönliches Geheimnis.«

Seit jenem ›Tasso‹-Abend, da man zur Stadt gefahren war, den unvergleichlichen Darsteller dieser heiklen Rolle zu genießen, und sich nachher so lebhaft als ohne Prätension über das Stück unterhalten hatte, waren mehrere Wochen, ja, es war der größte Teil des Sommers hingegangen, längst waren von dem Major und seiner Gattin freundliche, wenn auch kurze Briefe aus einem norddeutschen Landsitz eingetroffen, die Gastzimmer des ländlichen Hauses waren verschlossen, die Rosen lange abgeblüht und mit ihnen jene so nahe Zeit freundlichen Zusammenseins in die unfaßliche Ferne alles Gewesenen gerückt, da lag eines Tages auf dem Frühstückstisch nebst den Zeitschriften und verschiedenen Briefen ein etwas größeres Kuvert, das den Stempel vom Landgut des Majors trug, dessen Aufschrift aber in ungewohnter Maschinenschrift zunächst fremd anmutete. Es enthielt keinen Brief, sondern nur auf dünnem Papier, gleichfalls in typierter Schrift, ein kleines Manuskript, das in nachfolgendem ohne Veränderung mitgeteilt wird:

Die Prinzessin

Schmerzlich wandeln solche Gestalten zwischen den Lebenden hindurch; wo für alle Raum ist, für sie scheint kein Platz berechnet, und noch ihrem Schattenbild begegnet man nicht freundlich, nicht gerecht; und doch hat der Tätige seinen Platz wie der Kluge, der Leichtfertige wie der Genußsüchtige; ja, dem Traurigen sogar ist Raum gelassen und dem Verbitterten, der quälend für Qualen sich entschädigt; sie alle setzen den Fuß auf die Erde als Berechtigte, nicht als Schatten.

Die arme Prinzessin! Sie ist nicht stark und lieblich, wie Dorothea, nicht lieblich in der Schwäche, wie Ottilie – womit soll sie die Herzen gewinnen? Zu dienen ist ihr versagt, und wodurch insinuiert sich schöner die Frau, als wenn sie dient. Sie ist da, und wenige wissen, wie ihr ums

Herz ist, wenige wollens wissen. Ein kaum erträglicher Zustand ist der ihre, und er ist bleibend, und sie trägt ihn; wie schön, wie vornehm trägt sie ihn. Jenes schmerzlichster Erfahrung abgewonnene »Glissez mortels, n'appuyez pas!« hat sie sich ganz zu eigen gemacht; die ganze Welt ist ihr durch Entsagung zu eigen geworden. Hier ist, heraufgenährt von frühen steten geistigen Schmerzen, in einer Mädchenbrust die seltsame Ruhe, die gestillte, alles durchschauende Sympathie, die wir in der Brust alter weiser Männer ahnen. Ja, hier ist das Spiegelbild der ganzen Welt, gereinigt, gebadet wie in einem stillen See, hier ist Liebesmöglichkeit ohne Grenzen, allseitig verströmend – und kaum mehr *ein* leiser Wunsch. Was sie wünschen könnte, ist ihr verwehrt; wohin ihr Verlangen blicken könnte, da liegt wie ein Schatten, den zu betreten tödlich ist, die Ahnung. In ihr bewegt sich die Welt, die sich vor ihren Augen bewegt; durchscheinend ist ihr Wesen, durch sie hindurch sehen wir den Bruder, die Mutter, die Schwester, den Freund, und sehen sie reiner umrissen, schöner verklärt, als wir mit eigenem Aug sie erblicken könnten. Aber um welchen Preis ist diese Durchsichtigkeit erkauft! Wie dauernde Leiden, lautlos verflochten Schmerz in Schmerz, haben diesem Blick seine Tiefe gegeben. »Wohl ist sie schön, die Welt« – wie rührend kommts aus diesem Mund. Daß Schmerzen gut und heilsam sind – sie weiß es voraus, die trübste Erkenntnis ist ihr vertraut; daß Glück nicht dauert, sie hat es längst gewußt, es ist in ihr zu jeder Stunde. Und muß nicht ein solches Wesen noch von fast jedem verkannt werden? Vorausnehmend den Gang der Welt ist sie gebannt und gebunden; wo andere den Schein von Möglichkeit sehen, sich regen und bewegen, sieht sie das Unvermeidliche und erstarrt. Here there is a kind of moral sexlessness, an ineffectual wholeness of nature, yet with a divine beauty and significance of its own. An ineffectual wholeness of nature – eine Ganzheit, eine Geschlossenheit des Wesens, worin das Strebende, das Wirkende aufgehoben erscheint – aber die Natur liebt nicht, daß Wirkendes ruhe, und dennoch ruft sie auch solche Geschöpfe hervor, hält sie im Leben – und straft sie, indem sie sie erhöht. Man hört so viel von Einfachheit reden, zur Einfachheit wollen alle Eltern ihre Kinder erziehen, aber wie selten gibt man sich Rechenschaft, was für ein äußerster, was für ein bedenklicher Zustand die vollendete Einfachheit ist. Sie ist determinierte Vornehmheit; sie ist Verzicht auf jedes Trachten; neben ihr erscheint leicht jeder, der etwas tut und etwas sucht, als ein Aventurier oder ein Snob; es liegt ein Triumph des ganzen Wesens, ein Triumph guter Rasse darin – aber ein gefährlicher, leicht ein bedauernswerter Triumph.

Dennoch ist sie keine Dulderin; und wie sie das Leben trägt, ist unendlich mehr als bloßes Ertragen. Sie scheint kaum sich selber aufrechtzuhalten, aber es ist mehr geheime Stärke in ihr als man ahnt, und im geheimen dient auch sie an einem Altar. Mädchen waren jene dort in Rom, die Hochgeehrten, Hartbedrohten, denen das heilige Feuer vertraut war. Hier ist auch ein Mädchen, einsamer als jene, nicht von strengen, finsteren Gesetzen gebunden, aber gebunden dennoch im tiefsten Kern von Gesetzen, die die eigene Natur ihr gibt. Aus Unbewußtheit strömen auch ihr die tiefen Kräfte; die tiefen, reinen Quellen, aus Schmerzen hervorgebrochen, versagen sich ihr nicht. Das heilige Feuer, das sie hütet, hat keinen Namen, und dennoch ist das Höchste dieser Menschen daran geknüpft, daß es nicht verlösche, wie dort an jene Flamme das Schicksal der mächtigen Stadt. Keine Liktoren gehen vor dieser Vestalin; aber es fühlen alle, wer sie ist, und einmal wird es ausgesprochen, und Antonio spricht es aus.

»Wenn unser Blick was Ungeheures sieht...« Wer hat nicht einen liberal denkenden Oheim, einen vorurteilslosen Freund, einen tüchtigen Hofmeister sich maßlos über diese Höflingsworte ergehen gehört. Das Ungeheure! Weil einer gewagt, eine Fürstin an sich zu drücken. Ja, ein Hof ist gar wenig und eine Fürstin nur ein Weib – aber *hier*, hier *ist* ja etwas Ungeheures geschehen, und Antonio hat recht, und ich fühle Goethe an dieser Stelle wie an jeder schönsten, und ich verstehe ihn.

So wird sie leicht verkannt, und verkannt um ihretwillen wer sie ganz erkennt und es ausspricht, und die menschliche Ehrfurcht für Dienerei eines Höflings genommen. Es scheint, als hätte für solche Wesen die Welt keinen Platz – und wäre die Welt nicht unendlich ärmer, wenn es niemals ein solches Wesen gäbe?

So endete das kleine Manuskript, das die Frau über die Schulter des Mannes mitlas und das noch Anlaß zum folgenden Gespräch wurde:

ER Von welchem von beiden mag das sein?

SIE Für mich ist es ausgemacht, daß es von Helene ist.

ER Und für mich ist es so gut wie ausgemacht, daß es von dem Major herrührt. Und ich möchte sogar für möglich halten, daß seine Frau gar nichts davon weiß, daß er dies aufgeschrieben hat, denn seine Scheu ist ebenso groß als seine Zartheit im Denken und Empfinden, und eben an dieser Zartheit erkenne ich ihn hier. Es ist freilich nicht seine gewöhnliche Ausdrucksweise, aber es könnte sie sein.

SIE Aber Helenens Ausdrucksweise ist es – freilich nicht ganz wieder. Laß sehen. Sicher, es ist eine Ähnlichkeit mit ihren Briefen darin, freilich auch wieder ein Unterschied, gewisse Worte, die sie in einem vertraulichen Brief nicht schreiben würde, aber kein größerer Unterschied als zwischen einem Hauskleid und einem Abendkleid. Für jede andere Frau erschiene es mir zu gut geschrieben, aber zu Helene paßt das, es paßt auch zu ihr, daß sie es so unpersönlich herschickt und vielleicht nie mehr darauf zurückkommt.

ER Gerade das paßt mir zu ihm.

SIE Sie sind ja in manchem ähnlich. Ist es nicht merkwürdig, daß sie zum Beispiel so ähnliche Handschriften haben, auf den ersten Blick wenigstens?

ER Vor allem *kann* es ja gar nicht von Helene sein aus dem einfachsten, unbezweifelbarsten Grunde: weil sie damals ganz auf deiner Seite war, als du über die Prinzessin loszogst. Ich sehe ihr Lächeln vor mir, mit dem sie dir Mut machte, immer mehr zu sagen –

SIE Wer sagt dir, daß sie mir da recht gab? Ihr Lächeln ist das undurchsichtigste und vieldeutigste von der Welt. Sie mag damals ebensogut gegen mich gelächelt haben als für mich. Ich erinnere mich sogar genau, daß ich eher das Gefühl hatte, daß sie das ablehnte, was ich sagte. Aber wir haben nachher gleich von lauter anderen Dingen gesprochen.

ER Dennoch ist es von ihm, das versichert mich ein deutliches Gefühl.

SIE Und ich, wie ich jetzt noch einmal hineingesehen habe, bin unerschütterlich sicher, daß Helene das geschrieben hat. Erstens wegen des englischen Zitats. Genau so schreibt sie in ihren Briefen manchmal ohne Übergang etwas sehr gescheites Englisches hin, und man weiß nicht, wo es her ist. Ich glaube aber, das sind ihre eigenen Gedanken, denn sie hat mir selbst gesagt, daß sie manchmal englisch denkt, von den drei Jahren her, die sie als ganz junges Mädchen in England verbracht hat.

ER Aber das ist nicht ihr Stil, das ist nicht die Art einer

Frau, sich auszudrücken. »Wodurch insinuiert sich schöner die Frau, als wenn sie dient« – das schreibt keine Frau. Das ist so richtig und zugleich so kühl, fast ein wenig ironsch, aus so großer Distanz –

SIE Und gerade darum ist das Helene, gerade hier sehe ich ihr Profil, und sehe ihren Mund. Wenn ich mich nur halb so gut ausdrücken könnte, als ich es deutlich fühle: dieses leise Distanzierende gegenüber dem allgemein Frauenhaften – und auch das Fremdwort; wir gebrauchen ja alle ziemlich viel Fremdwörter, aber solche seltene strenge Worte, wie alte Offiziere oder Gelehrte sie haben – das ist sie, und es macht einen so guten Kontrast mit dem hübschesten Mund und dem reizendsten Kinn von der Welt, das sie hat.

ER Schließlich, wenn du gar so beharrst, so kann ja sein, daß sie die Schreiberin ist. Auf jeden Fall, daß sie recht haben in dem, wie sie die Figur sehen, das fühlt man ja im Moment, wo es ausgesprochen ist, und du wirst versuchen müssen, die Prinzessin jetzt auch mit Liebe zu sehen. Denn so hübsch es ist, wenn man offen sagt, wie mans findet und sieht, so schrecklich ist ein starres Beharren nach der trotzigen, kindischen Seite hin.

SIE Ich wills versuchen. Aber die Sanvitale wenigstens, die gern zu haben, dazu wird mich niemand bringen.

Hugo von Hofmannsthal

›Wilhelm Meister‹ in der Urform

Von gehobenen Schätzen hört jeder gerne reden, wenn auf dem Dachboden eines Trödlerladens einer ein köstliches Bild aufstöbert, so freuen wir uns, als ob wir es selbst gewesen wären, alte mächtige Schreibtische mit Geheimfächern haben etwas Anziehendes wie alte Häuser und Burgen. Die Mappe des Urgroßvaters gibt einem unserer seelenvollsten Dichter den Stoff vielleicht zur schönsten seiner Erzählungen. ›Die verlorene Handschrift‹ war der Titel eines durch Dezennien hochberühmten Romans. Und wie es gegangen, so geht es auch heute: ein Gymnasiast in Zürich kommt zum Lehrer, bringt ein Konvolut, eine Handschrift, die seit Jahren in des Vaters altem Schreibtisch liegt: ob das wohl was wäre. Der Lehrer nimmts, blätterts auf, es ist der ›Wilhelm Meister‹, eine alte Abschrift, meint er, zu Goethes Zeiten Gott weiß von wem, Gott weiß zu welchem Zwecke angefertigt. Er legt die Blätter weg, nimmt sie einmal wieder zur Hand, verwundert sich über den Text, der ihm neu klingt, vergleicht, schlägt nach: er hat ›Wilhelm Meisters theatralische Sendung‹ in Händen, die erste Form des Romans, dem Namen nach von der Goethe-Forschung gekannt, seit je und immer verloren geglaubt, einen Schatz, zumindest für die vom Fach, vielleicht für ganz Deutschland, für die ganze Welt.

Vor Jahren, nicht allzuvielen, war im Weimarschen Archiv ein ähnlich überraschender Fund getan: die Szenenreihe, fragmentarisch, welche die älteste Fassung von

Goethes Faust-Drama darstellt. Ein Name rein Goetheschen Gepräges war schnell gefunden: Ur-Faust. Neben ihn stellt sich nun der Ur-Meister. Wie sollte nicht die Analogie in den Namen walten, da das Schicksal schon analogisch verfahren ist, beide Handschriften abenteuerlich zutage kommen ließ. Auf eine dritte Analogie haben die Philologen hingewiesen, beidemal waren Frauen die Bewahrerinnen der Handschrift. Neben das Weimarsche Hoffräulein von Göchhausen tritt die Schweizerin Frau Barbara Schultheß, ein Mitglied des Züricher Freundeskreises, der sich um Lavater gruppierte. Goethe nennt sie »du«, schreibt ihr durch viele Jahre, macht auf der Rückreise von Rom einen beträchtlichen Umweg, um sie wieder zu sehen. Uns ist sie ein neues Gesicht, eines von den tüchtigen, herzlichen Achtzehnten-Jahrhundert-Gesichtern, die uns scharf und fein entgegenschauen, wenn wir wie in eine zaubervolle Camera obscura in die Jünglingsjahre Goethes hineinblicken. Da regt sich, wie auf einer schwarzen Spiegelfläche aufgefangen, aber doch lebendig farbenvoll, ein ganzes Volk von deutschen Menschen, tüchtig, warm und wahr, Männer und Frauen, Greise, Jünglinge und Mädchen. Unter ihnen ist Barbara Schultheß, Gattin des Fabrikanten David Schultheß von Zürich. In Goethes Schriften, worin Tausende von Namen genannt, wo tausend Gesichtern ein Umriß gegeben ist, durch die das Wesentliche weiterlebt, fanden wir ihrer nicht erwähnt. Da wird neuerdings gemeldet, es sei durch ein kürzlich aufgefundenes Schema zur Fortsetzung von ›Dichtung und Wahrheit‹ bezeugt, daß der Dichter auch dieser Freundin Bild habe für unabsehbare Zeiten an solcher Stelle festhalten wollen.

So halten wir denn in der Frau Barbara Schultheß Abschrift ›Wilhelm Meisters theatralische Sendung‹ in Händen, den Ur-Meister neben dem »wirklichen« Meister, das Werk, das den Achtundzwanzigjährigen, den Dreißigjährigen, den Fünfunddreißigjährigen beschäftigte, neben jenem, das zwischen dem zweiundvierzigsten und dem siebenundvierzigsten Lebensjahre aufs neue vorgenommen und zur Vollendung getrieben wurde. Wir kannten ein geräumiges, palastähnliches Wohnhaus der besondersten Art und wußten, es sei auf den Fundamenten eines älteren, eingeschränkten Bürgerhauses errichtet und manches von den Mauern, ja von Treppen und Gemächern des alten Hauses in das neue einbezogen. Nun steht das Alte vor unseren Augen, wir können sie nebeneinander sehen, können vergleichen, und nun erst hat unsere Bewunderung für den Baumeister keine Grenzen.

Immerhin haftet dem Prozeß, durch den wir zu diesem Resultat gelangen, etwas Bängliches an. Was wir als ein Bestehendes ansehen und für viele Generationen Geschaffenes, als ein Bestehendes lieben und kennen, und woran zu erfassen, zu erkennen noch so unendlich viel übrigbleibt, das sollen wir uns als ein Entstehendes vor die Seele führen, sollen sehen, woraus es entstanden ist und wie es allenfalls auch hätte nicht entstehen können. Jede Veränderung an einem geliebten Wesen, einem geliebten Gegenstand ist ängstlich – soll sich nun gar vor unseren Augen auch das ehrwürdig überlieferte geistige Gebild verwandeln? Sollen wir, was unverrückbar vor uns zu stehen schien, Zug für Zug still und schön und bei ruhiger Fläche von einer Tiefe, die das Senkblei nicht mißt, sollen wir dies scheinbar für die Ewigkeit Gegebene nun in Bewegung uns auflösen? Ein solcher Prozeß wird uns aufgedrängt. Wir müssen ihn durchmachen, um des alten oder des neuen Besitzes mit Freiheit uns zu erfreuen.

Indem unsere Gedanken von dem einen zu dem anderen Buch herüber und hinüber gehen, folgen wir herüber und hinüber der Verwandlung eines geistigen Gesichtes:

das eine scheint uns zutraulicher, lebendiger anzublicken, doch wieder blickt das andere bedeutender, feuriger, geistiger. Die Bücher, nebeneinander gehalten, geben, was kein direkter Ausdruck, kein Geständnis so bildhaft geben kann: die geistige Umwandlung des reifenden Goethe. Hinter der Wirkung werden wir ein Wirkendes gewahr, höchstes Leben, am Leben bildend. Was Mitlebenden, wofern das Glück sie so begünstigte, mitzuerleben und fragmentarisch zu erfassen in Dezennien gegeben war, das drängt uns ein Zauberspiegel seltsamer Art zu einem Schauspiel von der höchsten Konzentration zusammen.

›Wilhelm Meisters theatralische Sendung‹, sei es immer ein fragmentarisches Buch – besäßen wir diesen Torso eines Buches allein, nur ihn, der die Gestalten Wilhelm, Mignon, Philine, Aurelie uns überlieferte, es wäre ein bedeutendes, gehaltreiches, unvergleichliches Buch. In ihm hätten wir von der Hand unseres größten Dichters einen unvollendeten Roman, nicht ohne Verwandtschaft mit den großen ausländischen Romanen des achtzehnten Jahrhunderts und doch mit Elementen darin, die ihn über alle diese Vorbilder hinausheben. Gewiß, der Einschlag von Abenteuer- und Komödiantenroman in dem Buch ist nicht ganz so, wie er ist, zu denken, ohne daß ein ›Roman comique‹ des Scarron, ein ›Gil Blas‹ des Lesage existierte. Eine gewisse unnachahmliche, dunkelhelle Atmosphäre des bürgerlichen Stadthauses, worin das ganze Leben mit herzlichem Behagen wechselweise aus dämmerigem Tageslicht und dem Licht einer bescheidenen Kerze herausmodelliert ist – wir kennen sie, diese Atmosphäre, aus den »Geschwistern« vor allem –, setzt, nebst dem Genie dessen, der sie schuf, auch die Existenz der großen englischen Schriftsteller voraus, die mit solchem Blick des Herzens zum erstenmal die eingeschränkte Welt des

Bürgerhauses, des Gasthofes erfaßten: Sternes, Richardsons, Goldsmiths. Und Rousseau ist hier ebensowenig wegzudenken als für den ›Werther‹: weder der Rousseau der ›Neuen Heloise‹ noch der der ›Konfessionen‹, weder der breite Strom des neuen Pathos, der mit der Einheit des Fühlens die Einheit der Welt wiederherstellt, noch die unendliche Subtilität des sich selbst durchschauenden, sich selbst enthüllenden Herzens. So ist die Basis dieses wie jedes bedeutenden Werkes Aneignung, selbstverständliche Aneignung in einem großen Geist und originalem Sinne. Dazu die Hand des Mannes, der vor zehn Jahren den ›Werther‹ geschaffen, der seitdem viel von der Welt gesehen hat, dem sich die Menschen zueinander, die Stände gegeneinander in ein klares Licht setzen, der mit vielerlei Menschen verknüpft ist, viel erfahren, genossen, gelitten hat und gewillt ist, aus dem allen einen Roman zu machen, ein großes buntes Stück Welt hinzustellen, in sich verbunden, »vielleicht mehr durch Stetigkeit als durch Einheit.«

Zur Mittelfigur nimmt er einen Wilhelm Meister, Bürgersohn aus wohlhabendem Hause wie Werther, bildsam, regsam, zartfühlend wie Werther, den oberen Ständen zugeneigt wie dieser, nicht ohne daß diese Hinneigung ihm wie dem andern zweideutige Situationen und bittere Momente brächte, kurz eine Art von Werther, genau so ähnlich und doch so unähnlich, als etwa Halbbrüder oder Geschwisterkinder sein mögen. Dieser wie jener ein halb und halb autobiographisches Gebilde, in dessen Brust der Geist des Dichters, wenn es ihm gefällt, so oft und so behaglich Wohnung nehmen kann wie in der eigenen Stube. Aber als der Jüngling Goethe den Jüngling Werther schuf, stürzte er sich in diesen hinein und verließ ihn erst, als der entseelte Leib starr am Boden lag. Goethe der Mann geht neben dem Jüngling Wilhelm Meister ruhigen Schrittes einher und sieht gelassen zu, wie der labyrinthische Pfad allmählich doch sich entwirre und nach einem Ziel führe. Er läßt ihn vor uns aufwachsen, die Liebe und das Leid erfahren, in Beziehungen und Abenteuer sich verstricken, den Großen der Erde mit Scheu und Begierde vors Antlitz treten, seltsame Geschöpfe an sich ketten, sein Geld vertun, Erfahrungen einsammeln. Ein Roman – was man so einen Roman nennt, ist dieser Torso von 1782 mehr als jenes andere majestätische Werk von 1796. Die Episode mit Marianne allein, Mariannens Gestalt, ihre Vergangenheit, Bekanntschaft, beginnende Liebschaft und Höhepunkt des Liebesglücks, um wieviel mehr ist dies hier in der Weise eines Romans, zum Behagen des Romanlesers ausgestaltet als dort. Wie vieles mehr wird uns hier gezeigt, gegeben, was dort nur angedeutet, geheimen höheren Zwecken aufgeopfert war. Wilhelms Kinderzeit, das Puppenspiel, hier lebts vor uns, dort steckt es eingequetscht in der Exposition, wo wir seiner nicht recht froh werden. Daß Wilhelm viel von einem Dichter in sich hat, das mußten wir aus der Gestalt glauben, es als ein Element der Gestalt uns zu eigen machen; hier wirds uns im einzelnen gezeigt, gerade seine Produkte werden vor uns ausgebreitet, in einer Tragödie. ›Belsazar‹, von ihm verfaßt, sehen wir ihn zum erstenmal die Bühne betreten. Nun gar das Theaterwesen, mit welcher Breite ist es hier behandelt, und welcher gegenständlichen Liebe. Diese Schauspielerin und Theaterdirektorin de Retti mit ihrem Lümmel von Liebhaber, mit der Realität ihrer Geldnöte, mit den scharf geschnittenen Gesichtern ihrer Truppe – manchmal fast Hogarthschen Gesichtern –, wie sitzt dies deutlich und real in der bürgerlichen Welt, der Publikumswelt, der Offiziers- und sonstigen Gönnersphäre. Hier ist die prägnante Atmosphäre von Lenz und Wagner nicht ganz fern – wer dächte an Lenz und Wagner, wenn er in die geheimnisvoll gehobene, geheimnisvoll geläuterte Welt der ›Lehrjahre‹ hineinblickt? An dies Theaterwesen höchst realer Malweise sind nun die Begebenheiten auf dem gräflichen Schloß, das Abenteuer mit den Räubern, die Begegnung mit der Amazone angeschlossen. Mignons geheimnisvolles Wesen, des Harfners Geschick, in ähnlicher Weise, wenn auch nicht ganz so schön wie in den ›Lehrjahren‹, mit Wilhelms Schicksal verknüpft. Philine ihnen gegenüber, um ein Etwas niedriger, als wäre es die gleiche Gestalt, aber in gemeinerem Licht. Jarno mit dem Shakespeare in der Hand. Serlo mit seiner Schwester Aurelie. Aureliens Konfession, die Hindeutung auf einen Ungetreuen, auf Lothario. Hier bricht der Torso ab. Welch ein Werk! Denken wir, daß wir von ›Wilhelm Meister‹ nur dies besäßen. Welche Fülle von Gestalten, welch wunderbarer Reichtum der Gegenüberstellung! Wie würden wir uns bemühen, das Geheimnis der weiteren Entwicklung zu durchdringen! Wir würden den Titel ›Wilhelm Meisters theatralische Sendung‹ ohne Ironie nehmen, würden Wilhelm auf dem Theater verharren lassen, ihn vielleicht mit Aurelie verbinden, den geborenen Dichterdramaturgen mit der großen Schauspielerin. Oder er wendet sich vom Theater ab, ohne doch in die bürgerliche Sphäre zurückzusinken. Sanfte Herzen würden ihn Marianne wiederfinden lassen, andere ihn auf ewig an Mignon binden, durch Mignon, mit Mignon ihn Italien finden lassen; auch dies ist ein Weg zu sich selber, war es doch Goethes Weg. Aber wie immer wir dies wendeten, wir würden immer nur in gleichem Sinne vorwärtsschreiten, nie würden wir auch nur die Schwelle der Zaubersphäre berühren, zu welcher in dem Roman von 1796 alles Geschehene, auch das Geringfügigste, hinaufgehoben ist; nie würden wir aus uns selbst die ungeheure geistige

Belichtung hervorzubringen vermögen, in welcher sich alle Geschöpfe dieses Buches als in einem wahrhaft himmlischen Medium vor uns bewegen, nie das Geheimnis einer Verkettung zu finden, durch welche jeglicher Punkt dieses Werkes von jeglichem folgenden ein immer höheres Licht zugeworfen bekommt, jegliches Geschehen bei vollkommen natürlichen Zusammenhängen in einem immer höheren Sinn erscheint. Nie hätten wir eine Erfindung hervorgebracht gleich jenem eingeschobenen sechsten Buch der »Bekenntnisse einer schönen Seele«, durch welches die Gestalten Lotharios, Nataliens, Theresens, der Gräfin in der unerwartetsten Weise zusammengefaßt und, ehe wir sie noch kennen, für uns mit einem Seelengehalte erfüllt werden, der sie dann von innen heraus erleuchtet wie Alabasterlampen. Nie etwas Ähnliches wie Mignons Tod und Begräbnis, diese festliche Trauermusik zur Hochzeitsfeier, nie die ehrwürdige Weisheit des Lehrbriefes, nie Gestalten wie Natalie und Therese. Denn wir hätten – kannten wir nur die Bücher der ›Theatralischen Sendung‹ – in unserer Phantasie an einer Behandlungsweise festgehalten, worin jedes Ding: Figuren, Abenteuer, Lebensverhältnisse, um seiner selbst willen hingestellt ist gleichwie in einem realistischen Gemälde. Die Vortragsweise dagegen, die in ›Wilhelm Meisters Lehrjahren‹ herrscht, ist das Gegenteil: es ist durchwegs eine symbolisierende, bei der vollkommensten Natürlichkeit des Vorgangs und Anschaulichkeit des Details. Die Blätter der ›Theatralischen Sendung‹ enthalten, was sie eben enthalten, und es ist nicht wenig; die Blätter der ›Lehrjahre‹ enthalten Unendliches. Was das neuere Werk voraus hat, was dem älteren Buch fehlt, ist das Entscheidende.

Was dazu gehörte, aus dem Stoff, der dies eine Buch hergegeben hatte, jenes andere zu machen, darüber belehrt uns die zehnjährige Stockung. Zehn Jahre von den reifsten Jahren des größten Mannes, zehn mittlere Lebensjahre Goethes mußten hingehen. Eine innere Verwandlung mußte sich vollziehen: wer das eine und das andere Buch zu lesen versteht, kann sie ermessen. Kein intensives Bekenntnis, kein Brief von der erhabensten Weisheit reicht an die Belehrung heran, die von dem Nebeneinander dieser beiden Bücher ausgeht. Alles wandelt sich, alles strebt empor; der Schöpfer ein anderer, mit ihm die Geschöpfe; verwandelt, geläutert in ihm das Gefühl zu den eigenen Geschöpfen, das Gefühl zur Welt. Werther ist Goethes Doppelgänger, Mignon, Therese, Natalie sind seine Töchter. Dieser stete, unmerkliche, nie stockende Zug nach dem Höheren, dem Lichteren, wie ein Tag, der sich ausreinigen will: welches Dokument, welches tiefe, ins eigene Innere blickende Gedicht vermöchte eine solche ungeheure Metamorphose auszusprechen!

So scheiden wir von dem merkwürdigen Buch, das ein abenteuerlicher Zufall uns in die Hände brachte, und fühlen uns in unserem Verhältnis zu dem unausschöpflichen Werk, das wir kannten – freilich, wie wenig kennt man, was man seit Jahren zu besitzen meint –, innerlichst bekräftigt. Es ist eines der berühmtesten Werke der Weltliteratur, ein vorzüglicher und stolzer Besitz des deutschen Volkes. Und dennoch, es ist kein volkstümliches Buch, es ist beinahe ein unbekanntes, nein, ein wenig gekanntes Buch. Als Schiller die acht Bücher des Romans zu Ende gelesen hatte, schrieb er, am 2. Juli 1796, den ersten von drei wundervollen Briefen. Man wird es nie überdrüssig, sie nachzulesen, und der Schluß des ersten enthält in den zartesten und wahrsten Worten alles, was über diesen Gegenstand gesagt werden kann. »Leben Sie jetzt wohl, mein geliebter, mein verehrter Freund! Wie rührt es mich, wenn ich denke, daß, was wir sonst nur in der weiten Ferne eines begünstigten Altertums suchen und kaum finden, mir in Ihnen so nahe ist. Wundern Sie sich nicht mehr, wenn es so wenige gibt, die Sie zu verstehen fähig und würdig sind. Die bewunderungswürdige Natur, Wahrheit und Leichtigkeit Ihrer Schilderungen entfernt bei dem gemeinen Volk der Beurteiler allen Gedanken an die Schwierigkeit, an die Größe der Kunst, und bei denen, die dem Künstler zu folgen imstande sein könnten, wirkt die genialische Kraft, welche sie hier handeln sehen, so feindlich und vernichtend, bringt ihr bedürftiges Selbst so sehr ins Gedränge, daß sie es mit Gewalt von sich stoßen.« Da ists gesagt: ein Werk dieser Art ist nicht eine müßige Ergötzung der Einbildungskraft, es wendet sich an das innerste Gemüt, und wer es nicht mit Liebe aufnehmen kann, wen es nicht beglückt, der schiebt es fort von sich, ratlos, verlegen und mit verhohlener Unlust, ja mit Haß. Schwer ists zu fassen, nicht um seiner Verschlungenheit willen, denn Verschlungenes hätte sich in drei Menschenaltern zur durchsichtigsten Einfalt aufgelöst, sondern um seiner Reinheit und Hoheit willen. Denn nichts ist schwerer anzueignen, schwerer auch nur wahrzunehmen, als das Große und Erhabene, trotzdem oder eben weil es nichts anderes ist als das Reinste und Wahrste des Natürlichen.

Hugo von Hofmannsthal

Goethes ›West-östlicher Divan‹

»Das Vortreffliche ist unergründlich, man mag damit anfangen, was man will.« *Goethe*

Dieses Buch ist völlig Geist; es ist ein Vorwalten darin dessen, was Goethe das »obere Leitende« genannt hat, und so ist etwas entgegen, daß es nicht ins Breite beliebt und verstanden sein könne. Freilich sind Worte daraus in jedermanns Munde und Stücke daraus durch die Musik in jedermanns Ohr, aber als Ganzes ist es, man kann sagen, wenig bekannt und in der Herrlichkeit seiner Zusammenfügung nicht von sehr vielen, dem Verhältnis nach, begriffen worden. Und doch ist es eine Bibel: eines von den Büchern, die unergründlich sind, weil sie wahre Wesen sind, und worin jegliches auf jegliches deutet, so daß des innern Lebens kein Ende ist. An diesem teilzunehmen aber bedarf es eines erhöhten inneren Zustandes, und nichts ist in unserer Zeit seltener geworden als auch nur die Forderung an uns selbst, diesen uns herzustellen.

Das Reine, Starke ist schwer zu fassen, eben um seiner Reinheit, um seiner Stärke willen. Das Bizarre fesselt den Blick, das schwächlich Gefühlvolle zieht uns hinüber, das Übertriebene drängt sich auf, das Leere noch und das Gräßliche haben ihre Anziehung: das Reine, Starke auch nur gewahr zu werden, bedarf es der Aufmerksamkeit. So auch unter den Menschen: ist nicht, um der Menschen Bestes und Reinstes in sich zu nehmen, ein erhöhter Zustand nötig, den wir Liebe nennen? Diese Worte führen die Dichter und die Halbdichter unablässig im Munde, ihre Geschöpfe sind mit ihm behaftet, aber sieht man näher zu, wieviel ist daran verworrene Begierde, ein düsteres selbstsüchtiges Trachten, ja ein Mißverständnis; wie selten ist der reine Blick, das bereite Herz, der aufmerksame Sinn? Wer ein Buch wie dieses, einen Geist, ein Wesen, genießen will, der sei auch da und mit der Seele da. Es haben sich an ihm viele versucht, und es nicht genossen; die innere Trägheit war entgegen, Verworrenheit, Unaufmerksamkeit, der Zwiespalt des eigenen Wesens. Gespaltenes will das Ganze nicht erkennen, ein Gegenwille tritt dann im dunkelsten kaum bewußten Bereich dämonisch auf, ein Urteil wird nicht reif, das Vorurteil wirft sich dazwischen. Ein solches Vorurteil haftet an diesem Buch, es ist platt und töricht aber seit vielen Jahrzehnten beharrend; allmählich wird es weichen, denn das Vortreffliche hat Zeit, es bleibt in sich stets lebendig, und sein Augenblick ist immer. Das Vorurteil geht dahin, es habe sich Goethe, als ein im Herzen kühler alternder Mann, grillenhaft dem Fremden zu-, dem Nahen und Eigenen abgewandt und habe das orientalische Gewand wie eine Vermummung übergeschlagen, so sei dies Buch entstanden, woran alles fremd und seltsam, bis auf den Titel.

Diesem mit Streitgründen entgegenzutreten, ist schwer, denn um einen solchen Kampf auszufechten, müßte man sich auf eine andere Ebene begeben – eben wie für Goethes Vaterlandsliebe –, und jeder bleibt gern, wo er ist, mit denen, die ihm nahe sind, und denen, die er ehrt. Wer aber Gedichtetes zu lesen und durch den Buchstaben den Geist zu empfangen begnadet ist, der wird in diesem ›West-östlichen Divan‹ nichts von Vermummung gewahr werden, sondern nur von Enthüllung ohne jede Schranke. Doch ist es ein anderes, ob ein Jüngling leidenschaftlich sein Herz entblößt, oder ob ein reifer Mann, lebend und liebend, sich völlig denen dahingibt, die ihn zu fassen vermögen. Des Jünglings Herz ergießt sich wie ein schäumender Bergstrom gegen die Welt, das ist ein Schauspiel, das jeder fassen kann; der Mann ist der Welt inniger, als sich sagen läßt, verbunden, und nicht anders vermag er sein Inneres preiszugeben, als indem er gleichsam vor unsern Augen, aufleuchtend in der Glut seines Herzens, aus den Dingen hervortritt und sogleich sich wieder in die Dinge hinüberwandelt. Ein höchster durchgebildeter Bezug zu den Menschen, ein weitumgreifender Blick über alle Weltgegenstände sind männlich: scharf zu trennen, innig zu verbinden ist dem Mann gegeben. Dem Jünglinge gehts um alles und um nichts; daß er zu geben und zu nehmen wisse, und *wie* zu geben, *wie* zu nehmen, ist des Mannes Sache. Der Jüngling stürmt dahin, oder er liebt und starrt und stockt; sich lebend und liebend im Weitergehen zu behaupten, wird vom Mann verlangt. Dem Jüngling steht es gut an, daß er neun Zehnteile der Welt nicht gewahr wird: der Mann muß *allem* seinen Mann stehen, und noch die Vergangenheit fordert ihn hinaus: das unabsehbare Gegenwärtige aber wirft sich auf ihn wie ein verworrener Traum, der reingeträumt werden muß, ein wüster Schall, der zum Ton sich runden muß. So ist die Beschwerde groß, ein Mann zu sein: dafür nimmt er den größten Lohn dahin: der höchsten allseitigen Bewußtheit. Der Jüngling trägt sein Herz in Händen, aber sein Sinn ist dumpf; dem Greis geht alles dahin wie in einem Spiegel; der Mann allein ist wahrhaft im Spiel, und wie er ganz im Spiel ist, so ist er sichs ganz bewußt. Dieses ruhmreiche Geschick des Mannes tritt in den zwölf Büchern von Blatt zu Blatt hervor. Im »Buch des Sängers«, »Buch Hafis« ist es Selbstbehauptung, männlich, kühn, großmütig, rauh und mild; im »Buch des Unmuts« Abwehr, Zurechtweisung, mutig, stark, ja derb; im »Buch der Liebe«, »Buch Suleika« Hingabe, herrlich, schrankenlos, bis ans Mystische, Unfaßliche reichend; im

»Schenkenbuch« Vertrauen unnennbarer Art zwischen Älterem und Jüngerem; im »Buch des Paradieses« höchstes Anschauen eigenen Wertes, Verklärung erfüllten Geschickes; in den Büchern der »Sprüche«, der »Betrachtungen«, der »Parabeln« letztlich zarteste Weltklugheit, Adlerauge und gelassene Hand, wie des Teppichknüpfers, vor dem Ungeheuren, Verworrenen.

Dies alles ist einer fremden Welt angenähert oder zwischen ihr und uns in der Schwebe: alles ist doppeltblickend, und eben dadurch dringt es uns in die Seele; denn das Eigentliche in uns und um uns ist stets unsagbar, und doch ist dem Dichter alles zu sagen gewährt.

Soll ich nun, unter so vielen herrlichen, die Gedichte nennen, auf denen vor allem die Seele ausruht, immer wieder zu ihnen zurückkehrt, und durch welche sie, wie durch Tore, irgendwo hinzudringen meint, wo ihre eigentliche Heimat ist, so sind es vielleicht diese zehn: im »Buch des Sängers« das erste gleich »Hegire«, worin die Wunderwelt nicht sowohl des Orients als einer großen weltliebenden Seele sich aufschlägt; dann jene »Talismane«, wahrhaft ewigen Gehalts, »Im Gegenwärtigen Vergangnes«, dies unvergleichliche Lebensgedicht, worin, aus einer deutschen Landschaft heraus, das Weiseste leicht und lieblich gesagt ist; endlich ›Selige Sehnsucht‹. Im »Buch Hafis« von denen, die ›An Hafis‹ überschrieben sind, das zweite, das anfängt: »Was alle wollen, weißt du schon. Und hast es wohl verstanden«, worin in Strophen unnennbarer Magie die Liebe mit der Welt, Weisheitsausspendung mit glühend reiner Lust verflochten sind, wahrhaft vier Elemente in eins gemischt; im »Buch des Unmuts« das erste: »Wo hast du das genommen? Wie konnt es zu dir kommen?« Im »Buch Suleika« jenes ›Wiederfinden‹, das in der Dichtung das gleiche ist, was eines von

Beethovens reinsten Geschöpfen in der Musik; im »Buch des Schenken« die ›Sommernacht‹; im »Buch des Paradieses« ›Berechtigte Männer‹, im »Buch des Parsen« ›Vermächtnis altpersischen Glaubens‹. Hat man aber eines dieser Gedichte betreten, so ist eine magische Grenze überschritten; man wähnt sich am Rande und ist doch schon im Kreise, ist schon in der Mitte. Ja, nicht nur diese auserwählten Gedichte, ein jedes auch von den kleineren, oft nur vier Zeilen aneinandergereiht, wird das gleiche bewirken, wo nur der Sinn gesammelt und hingegeben auf ihnen ruht. Denn ein solches Buch ist Leben, und erhöhtes Leben. Goethes Jünglingsgedichte fliegen uns durch die Seele wie Musik, in ›Hermann und Dorothea‹, im ›Meister‹ ist das Dasein wie in festen, von innen erhellten Bildern vor uns hingehalten, so ist auch der ›Faust‹ eine Bilderfolge, freilich eine magische; hier aber, im ›West-östlichen Divan‹, sind wir, wie nirgends, mitten in den Bereich des Lebenden gestellt. Der Jüngling begehrt zu leben, der Greis erinnert sich, gelebt zu haben, und jedem dieser Alter ist wieder eine Gewalt verliehen, die einzig ist. Aber der Mann allein ist wahrhaft der Lebende. Er steht wahrhaft in der Mitte des Lebenskreises, und der Kreis hält ihm die Welt gebannt. Nichts flieht vor ihm, wie er vor nichts fliehen kann. In der kleinsten Handlung ist auf das Größte Bezug, das überwunden Gewähnte tritt unversehens wieder hervor, das Vergeudete wie das Vergewaltigte wird gewaltig und meldet sich an, eigener Falschheit entrinnt man nie wieder, jedes Vergangene wirft den dünnen Schleier von sich und zeigt sich als ein ewig Gegenwärtiges. Jegliches führt jegliches herbei, denn in jedem Sinn ist alles in den Kreis geschlossen, dem Gemüte müßte es fast schwindeln, wie es gewahr wird, daß des Schicksals wie der Menschen Gunst erworben und verscherzt wird auf demselben Wege, daß das Leben ein unaufhörliches Wiederanfangen ist und ein unaufhörliches Wiederzurückkommen. So geht es uns in diesem Buch, wie es uns draußen im eigenen Bereich ergeht: wir meinen uns frei im Unendlichen zu bewegen, doch sind wir immer in die Mitte unseres Lebenskreises gebannt und der Ring des Horizontes ist mehr als ein bloßer Augentrug. Aber dem dies widerfährt, dem wachsen die Kräfte, und es ist, als ob wiederum der Kreis ihn stärke. In seinem Herzen erneuert sich unablässig das Göttliche: wie dies geschehen, dies ist recht eigentlich, wenn man auf ein Unaussprechliches mit einem Wort hindeuten darf, der Inhalt dieses Buches. Das Buch ist in manchem Augenblick in mancher Hand, und wir sind nicht in jedem Augenblick fähig, Hohes zu fassen; aber es liegt in uns, daß wir dies, und noch mehr fassen können.

Thomas Mann

Ansprache im Goethejahr

Gehalten am 25. Juli 1949 in der Paulskirche zu Frankfurt am Main

Meine Damen und Herren,
ich glaube, Sie würden es mit mir als unnatürlich empfinden, wenn ich, nach so freundlicher, so ehrenvoller Einführung, nun einfach, als handelte es sich um nichts anderes, einen der obligaten Goethe-Vorträge begänne, wie sie in diesen Tagen, diesem ganzen Jahr überall in der Welt gehalten werden. Das habe ich drüben in meiner neuen Heimat, dann in England, Schweden und in der Schweiz getan; hier und heute, in dieser seltsamen Lebensstunde, voller beklommener Traumhaftigkeit, kann ich es nicht. Zuviel des Persönlichen – und des mehr als Persönlichen auch wieder – drängt sich vor den historisch-festlichen Gegenstand und verlangt zuerst nach dem Wort, dem die Zeit überbrückenden, das das Einst mit dem Jetzt verbinden, der Entfremdung wehren, die Verschiedenartigkeit der Erlebnisweisen versöhnen möchte.

Wie mir zumute ist beim Wiedersehen mit dem Altvertraut-Vergangenen, das mir nach sechzehn von Geschehen überfüllten Jahren wieder Gegenwart und Wirklichkeit wird, – ich versuche gar nicht, es Ihnen anzudeuten. Die Erschütterung wird mir zuteil, die vor mir andere Emigranten beim Wiederbetreten des heimatlichen Bodens erfuhren, und die ihnen im Bilde von den Gesichtern abzulesen war. Ich sehe Arturo Toscanini, bevor er in der Scala zum erstenmal wieder den Taktstok hebt, dastehen, den Blick nach innen gerichtet, in bleicher Benommenheit. Ich sehe Fritz von Unruh, den Dramatiker und

Pathetiker, als Redner bei der Paulskirchen-Gedenkfeier, im Kampf mit einer anwandelnden Ohnmacht sich an das Pult klammern. Ich glaube, er mußte hinausgestützt werden und sich niederlegen, bevor er fortfahren konnte. Nun, ich gedenke auf den Beinen zu bleiben bei meiner kleinen Allokution, – meine viel berufene Nüchternheit wird mir dazu verhelfen, oder sagen wir: die Gefaßtheit und Gesetztheit des Erzählers, ein episches Phlegma, oder auch ein Sinn für Humor, der sich durch langen Aufenthalt in angelsächsischer Lebenssphäre eher noch verstärkt hat. Aber glauben Sie nicht, daß ich darum der erregenden Phantastik und Abenteuerlichkeit der Stunde und der Tragik, die ihr beigemischt ist, weniger zugänglich bin, als jene Schicksalsgenossen!

Im Fluge ziehen die Erlebnisse dieser anderthalb Jahrzehnte, in denen ich sechzig und siebzig wurde, mir durch die Seele: Die Abreise am 11. Februar 1933 zu Vorträgen im Ausland – eine Reise, unternommen wie hundert frühere, mit leichtem Gepäck, ahnungslos, ohne die leiseste Vorstellung davon, wie das Schicksal es mit dieser Ausfahrt meinte. Es gab keine Heimkehr. Ein Sturz von Ereignissen, die ich nicht zu nennen brauche, versperrte mir den Rückweg – für einige Zeit, wie ich zu glauben versuchte, für lange, für immer, wie ich langsam zu begreifen lernte. Wogegen ich zehn Jahre lang nach meinen Kräften gekämpft, wovor ich in den letzten Jahren mit wachsendem Grauen, auf Kosten meiner Ruhe und dessen, was man Popularität nennt, gewarnt hatte, das war durch Gewalt und List in Deutschland zu unumschränkter Macht gelangt. Ein Rausch, mir unheimlich in tiefster Seele, hob das Volk auf und nannte sich »nationale Revolution«. »Der Rausch« – was für ein zweideutig deutsches Wort! Wie mischen sich darin Begeisterung mit Entgeistung, das Höchste mit dem Niedrigsten, das

Glück der Enthemmung, das Elend der Vernunftlosigkeit. Andere Sprachen haben dies Zauberwort gar nicht; sie setzen dafür ein sehr sachliches und nüchternes wie: Intoxikation, Vergiftung. Vergiftet schien mir Deutschland, nicht erhoben. Wild-fremd geworden über Nacht und verfratzt, bot es mir keine Stätte und Atemluft mehr. Ich war nicht emigriert, ich war nur auf eine Reise gegangen. Und plötzlich fand ich mich als Emigrant.

Es kamen die Monate des Wanderlebens von Land zu Land, in tiefer Verstörung im Gefühl der Entwurzelung, des Abgeschnittenseins von einer Lebensbasis, die ich für fest und endgültig gehalten, des Verlustes von Herd, Heim und Habe. Die erste Kontaktaufnahme mit Amerika kam, fast alljährlich wiederholte Reisen dorthin, die Berufung nach Princeton, die Gewöhnung an den neuen, riesigen Horizont, die Sprache, die Lebensluft des weiten Landes, dem Goethe während seiner letzten Erdenjahre so viel erwartungsvolle Aufmerksamkeit geschenkt hatte. Verbunden und verschränkt aber immer mit der durchaus auch physiologischen Anstrengung des Sichumstellens und der Adaption blieb der Wille zum Beharren, die aktive Treue zur deutschen Sprache, dieser wahren und unverlierbaren Heimat, die ich mit mir ins Exil genommen, und aus der kein Machthaber mich vertreiben konnte. Nie ist es mir in den Sinn gekommen, auch als Schriftsteller zu emigrieren und etwa, wie mancher es von mir erwartete, ja forderte, eine Arbeit gleich auf englisch herzustellen, da es ein deutsches Publikum für sie ja doch nicht gab. Die Zweiteilung meines Lebenswerks in eine deutsche und eine englische Hälfte erschien mir als Absurdität. Im Gegenteil wurde mir in der Fremde – mochte die Zeit sie auch ins Vertraute und Heimatliche verwandeln und herzliche Zugehörigkeitsgefühle in mir großziehen –, im Gegenteil wurde mir mein Tun gerade in diesen Jahren mehr und mehr zum bewußten Sprachwerk, zur versuchenden Lust, alle Register des herrlichen Orgelwerks unserer Sprache zu ziehen, zu einem Bestreben nach Rekapitulation zugleich und Vorwärtstreibung deutscher Sprachzustände und Ausdrucksmöglichkeiten deutscher Prosa. Fern von Deutschland, nach der tiefen Cäsur, die das Jahr 1933 bezeichnet, baute sich mir so ein zweites Lebenswerk auf.

Das geschah unter beständigen wilden Ablenkungen von seiten der Außenwelt, der Zeit und ihres Geschehens, und schwierig war es, gegen das umdrängende Drama am Epischen festzuhalten und weiterzuwirken, die unentbehrliche Heiterkeit des künstlerisch Hervorbringenden zu bewahren trotz dem brennenden Affekt, zu dem ich mir die längste Zeit meines Lebens die Fähigkeit kaum zugetraut, und den ich ohne das deutsche Unheil gewiß nie kennen gelernt hätte: dem Affekt des Hasses. Ja, meine Zuhörer, ich habe die ruchlosen Verderber Deutschlands und Europas gehaßt, mit unbedingtem, mit tödlichem Haß, dessen ich mich nicht zu schämen hatte, auf den ich stolz sein durfte; und eben die Tiefe dieses Hasses mag den Gedanken verzeihlich erscheinen lassen, den ich nicht los wurde, daß, wenn er vom deutschen Bürgertum, vom deutschen Volk wahrhaft und durchgehend geteilt worden wäre, es mit Deutschland nicht hätte zu kommen brauchen, wohin es gekommen ist. Der Krieg, den dieses Regime in sich getragen von Anbeginn, der ihm für jeden, der sehen konnte, von je an der Stirn geschrieben stand, war da und, wie gewiß mancher von Ihnen hier, habe ich nie an seinem Ausgang gezweifelt. Mehrere meiner Kinder, seltsames Spiel des Schicksals! nahmen in amerikanischer Uniform an ihm teil; ich selbst nahm an ihm teil mit den vielen Aufrufen über den britischen Sender, deren gefahrvolles Abhören, das weiß ich, in Deutschland nicht selten war. Wer sie aber gehört hat oder wer sie gar im Zusammenhang gelesen hat, wie sie seit längerem schon gedruckt vorliegen, der weiß, daß ich nicht, wie böse Unwissenheit mir vorwirft, aus sicherer Ferne mein Vaterland, Deutschland, damit beschimpft, verraten und verleugnet habe, sondern daß jeder Schimpf, jedes heiße Wort des Zornes und des Abscheus darin nur den machthabenden Verführern Deutschlands und ihren Untaten galt; daß sie eingegeben waren von dem Entsetzen vor dem Abgrund, den sie aufrissen zwischen Deutschland und der übrigen Welt, von dem sicheren Vorwissen, wohin es mit Deutschland kommen müsse, wenn diese Menschenart Herr bliebe über das Land; eingegeben freilich auch von dem Wunsch, den Deutschen, die ähnlich empfanden wie ich, einer bangenden, von Hitlers Falschsiegen erschreckten Welt und im Grunde mir selbst Mut zuzusprechen, uns allen die Versicherung zu geben, daß diese Siege nichts zu bedeuten hätten, daß dieses vor Gott und den Menschen unmögliche Regime nicht bestehen könne, daß ihm »trotz Gewalt und Müh'« ein schändlicher Untergang unfehlbar vorgezeichnet sei, – und, glauben Sie mir! – ich habe ergreifende Beweise dafür –: dieser Zuspruch hat vielen, vielen verstörten und leidenden Seelen über die ganze Welt hin Trost und Kraft und Glauben gebracht, auch in Deutschland, das weiß ich, und wenn allein in Deutschland daneben der Vorwurf der Preisgabe meines Vaterlandes laut wurde und noch heute laut wird, so erklärt sich das aus dem Konflikt, der so gut der meine, wie der gleichfühlender Menschen in Deutschland war: dem Konflikt, daß ja, wie die Dinge lagen, der Untergang des Nazi-Regimes gleichbedeutend war mit der nationalen Katastrophe, dem Sturz, der Erniedrigung und Zerreißung Deutschlands. Man will wahrhaben, ich sei ohne Empfindung gewesen für diesen Konflikt; ich hätte auch keine Ahnung gehabt von der Gewalt des Terrors, von der Hilflosigkeit eines Volkes vor dem lähmenden, lückenlosen und nicht einmal Märtyrertum zulassenden Unterdrückungssystem des totalitären Staates; unwissend und erfahrungslos, in bequemster Lebenslage, hätte ich der Tragödie meines Volkes von weitem zugesehen und ins Blaue hinein darüber geschwätzt. »Er kann sagen«, schrieb jemand, frei nach Goethe, »er kann sagen, er sei nicht dabei gewesen.«

Nicht doch, ich bin dabei gewesen. Wie einer das Schmerzensbuch von ›Doktor Faustus‹ gelesen haben und dann noch sagen kann, ich sei nicht dabei gewesen, Ferne und persönliche Sicherheit hätten mich gehindert, stärker und tiefer dabei zu sein, als so mancher, der physisch dabei war, das verstehe, wer mag und kann. Emigrantenliteratur. Aber das Werk eines Emigranten, der mit allem, was ihm an Erlebnisfähigkeit gegeben war, die deutsche Not geteilt hat.

Ich weiß, daß der Emigrant in Deutschland wenig gilt, – er hat noch nie viel gegolten in einem von politischen Abenteuern heimgesuchten Lande. Es versteht sich wohl, daß diese Ablehnung eines jeden, der sich lossagte, nicht wenig beitrug zu der Scheu, die mich vier Jahre nach der Vollendung des Unheils von Deutschland ferngehalten hat. Und auch sonst mag es Erklärungen geben für diese Scheu. Man zögert, die Grenze eines Landes wieder zu überschreiten, das einem durch lange Jahre ein Alpdruck war; von dessen Fahne, wo sie sich im Auslande zeigte, man mit Grauen den Blick wandte und wo, wäre man dorthin verschleppt worden, ein elender Tod einem sicher gewesen wäre. Dergleichen wirkt nach, es ist nicht so leicht aus dem Blut zu bringen. Die Sorge der Entfremdung, der Gedanke an die Verschiedenartigkeit der Erlebnisweise, des Lebensstandpunktes, die Furcht, daß man nicht mehr dieselbe Sprache spreche, daß die Verständigung schwer geworden sein möchte zwischen euch drinnen und uns draußen, – dies alles trägt bei zu der Scheu, die mich fesselte, und die mit Unversöhnlichkeit, feindseliger Überheblichkeit und bösen Wünschen so gar nichts zu tun hatte. Oft habe ich mir in diesen Jahren die Verse vorgesagt, mit denen Platen in der Fremde Deutschlands gedachte:

»Ich lieb es drum in keinem Sinne minder,
Da stets ich mich in seinem Dienst verzehre,
Doch wär' ich gern das fernste seiner Kinder.
Geschieht's, daß einst den inneren Schatz ich mehre,
So bleibt der Fund, wenn längst dahin der Finder,
Ein sicheres Eigentum der deutschen Ehre.«

Der deutschen Ehre ist in langen Jahren nicht viel Zuträgliches geschehen. Verglichen damit ist selbst das, was ich draußen hervorbringen konnte, beinahe viel, und wenn die Welt sich seiner annahm, es war doch unverwechselbar, unübersetzbar deutsch, und es war niedergelegt zu den Füßen des Volkes, in dessen Sprache es geschrieben war. Das fühlte mancher Deutsche. Das fühlten offenbar auch die Männer, die mir die hohe Ehre der Zuerteilung des auf Goethes Namen getauften Preises in diesem besonderen, festlichen Jahr erwiesen. Ich bin hier, um meinen tiefgefühlten Dank dafür auszusprechen, und ich freue mich sogar des materiellen Teils dieser Ehrung, weil ich ihn nutzen kann, um hier im Lande unverdiente Not, die Bedürftigkeit des Verdienstes in dieser harten Zeit zu lindern.

Aber nicht nur zu dieser Danksagung bin ich hier, sondern auch, weil ein untrügliches Gefühl mir sagt, daß der Streit, der in Deutschland geht um mein Werk und meine Person, und dem ich mit Staunen zugesehen habe, an Bedeutung weit hinausreicht über diese gleichgültige Person, dies eben nur bemühte und gewiß von anderen übertroffene Werk. Die Erbitterung, mit der dieser Streit geführt wird von den Hassern, der Nachdruck, den Freunde in ihre Erwiderung und Abwehr legen, wären sonst unerklärlich. Das ist nicht Literaturkritik mehr, es ist der Zwist zwischen zwei Ideen von Deutschland, eine Auseinandersetzung, nur anläßlich meiner, über die geistige und moralische Zukunft dieses Landes. Wie sollte es mich nicht über alle persönliche Bescheidenheit hinaus ergreifen, wenn ein in Zürich studierender junger Deutscher mir schreibt: »Vergessen Sie nicht, bei allem, was Ihnen in Deutschland begegnen möge, daß auch in der jungen Generation – und hier vielleicht besonders – Kräfte am Werk sind, die ihre höchste Aufgabe darin sehen, den noch Abseitsstehenden die Binde eines engen Nationalismus und einer krankhaften Selbstbemitleidung von den Augen zu nehmen. Denn der Weg der Deutschen zu einem echten Europäertum ist mit der Gerechtigkeit und dem Verständnis, das man einmal in Deutschland Ihrer Person und Ihrem Werk widerfahren läßt, aufs engste verknüpft.«

Noch einmal: wie sollten solche Worte mich nicht erschüttern? Will es denn das Schicksal, daß unsere Existenz symbolisch wird, so haben wir uns diesem Schicksal zu stellen. Nun also, ich stelle mich, der Freundschaft, dem Haß. Den Freunden, um sie nicht im Stich zu lassen, den Feinden, um den Anschein zu meiden, als verberge ich mich vor ihnen. Willkommen oder nicht, ich hätte es als einen Flecken in meinem Leben empfunden, wenn ich dem Genius Goethes nur auswärts gehuldigt und auch dabei Deutschland gemieden hätte.

Klar muß ich mir sein darüber, und bei jedem Schritt, den ich hier tue, springt es mir in die Augen, daß die

Umstände der Genesung Deutschlands, seinem Weg nach Europa weit eher entgegen sind, als daß sie sie begünstigten. Trümmer umgeben mich, welche die nationale Katastrophe sinnfällig zurückgelassen, und ich finde das Land zerrissen und aufgeteilt in Zonen der Siegermächte, und ich verstehe nur zu wohl den patriotischen Gram, die bittere Ungeduld, aus der, laut oder leise, das Wort »Fremdherrschaft« bricht. Lassen wir es wahr sein, daß die Herrschaft des Ungeistes, die zwölf Jahre lang über Deutschland lag, und aus der dies alles hervorging, schlimmere Fremdherrschaft war. Was nun ist, schmerzt und reizt und lastet doch schwer genug, und die Sehnsucht, es möchte enden, wäre keinem Volke auf Erden fremd. Eines Tages muß und wird es enden. Mir aber, wie ich hier stehe, gilt es schon heute nicht. Ich kenne keine Zonen. Mein Besuch gilt Deutschland selbst, Deutschland als Ganzem, und keinem Besatzungsgebiet. Wer sollte die Einheit Deutschlands gewährleisten und darstellen, wenn nicht ein unabhängiger Schriftsteller, dessen wahre Heimat, wie ich sagte, die freie, von Besatzungen unberührte deutsche Sprache ist? Gewähren Sie, meine Zuhörer, dem Gast aus Kalifornien diese Repräsentation und lassen Sie ihn den Augenblick unbekümmert vorwegnehmen, den Goethes Faust seinen letzt-höchsten nennt: den Augenblick, wo der Mensch, wo auch der Deutsche »auf freiem Grund mit freiem Volke steht«!

Zum Bußprediger fehlt mir alles und alles zum Propheten, der sich im Besitze der Wahrheit weiß, die Zukunft kennt, dem Leben predigend den Weg vorschreibt. Nichts eignet mir von dieser Anmaßung, und Wahrheit ist mir von interviewenden Journalisten nicht, noch von bedürftiger Jugend abzufragen. Ich komme zu Ihnen als ein armer, leidender Mensch, der sich mit den Problemen dieser in Geburtswehen des Neuen, in Umwälzungen und qualvollen Anpassungsnöten liegenden Zeit herumschlägt, wie irgendeiner von Ihnen. Zu meinem verstorbenen Sohn, einem Opfer dieser Krisenzeit, sagte ein großer französischer Freund, André Gide: »Wann immer junge Leute kommen, sich bei mir Rats zu holen, fühle ich mich so beschämend inkompetent, so hilflos, so verlegen. Immer fragen sie mich, ob es einen Ausweg gibt aus der gegenwärtigen Krisis, ob irgendeine Logik, ein Zweck, ein Sinn ist hinter dem Durcheinander. Aber wer bin ich, ihnen zu antworten? Ich weiß es ja selber nicht.« – Wenn der so sprechen konnte, sprechen mußte, – wer bin ich, daß ich es besser wissen sollte? Die Ratlosigkeit, wie dies alles sich lösen, ordnen, setzen, wie es ins gleiche kommen, politisch, sozial, ökonomisch, allgemein geistig, und zwar unter Vermeidung einer Katastrophe und Explosion, die an Greuelhaftigkeit jedeErfahrung weit überträfe und dabei gar nichts lösen würde: wie der Mensch wieder den Segen einer moralischen Autorität gewinnen, zu einem Glauben gelangen könne, der sich nicht als Not-Aberglaube und kümmerlicher Unterschlupf, als ein bloßes Versteck vor dem fordernden Blick der Sphinx erwiese, – diese Ratlosigkeit ist groß, und nur die Stumpfheit oder ein zynisches Konjunkturrittertum, das jede Situation kaltblütig für seine persönlichen Zwecke auszubeuten weiß, leiden nicht unter ihr. Ich bekenne offen: Wenn nicht die Zuflucht der Phantasie wäre, wenn sie nicht wären, die immer wieder, nach jedem Fertigsein zu neuen Abenteuern und erregenden Versuchen weiter lockenden, zu steigerndem Weitermachen verführenden Spiele und Unterhaltungen des Fabulierens, der Gestaltung, der Kunst – ich wüßte nicht, wie zu leben, von Rat und guter Lehre für andere ganz zu schweigen.

Oft denke ich aber: Es hat mit »diesen sehr ernsten Spielen« (das ist ein Ausdruck, den Goethe für den ›Faust‹

gebrauchte), es hat mit der Kunst vielleicht eine glücklichere, hilfreichere, lebensdienlichere Bewandtnis als mit allem Ratwissen, Glauben und Lehren. Der dankbare Laie und Genießer des Kunstwerks braucht zu dessen Lob und Preis das Wort »schön.« Aber der Künstler, der Mann vom Bau, sagt gar nicht »schön«, er sagt: »gut.« Er bevorzugt dieses Wort, weil das fachlich Lobenswerte, das technisch Gekonnte sich besser und nüchterner darin ausdrückt. Aber damit hat es nicht sein Bewenden. Tatsächlich schwebt alle Kunst in der Doppeldeutigkeit dieses Wortes »gut«, in dem das Ästhetische und Moralische sich treffen, vermischen, ununterscheidbar werden, dessen Sinn übers bloß Ästhetische hinausreicht ins überhaupt Zustimmungswürdige und hinauf bis zur höchsten, gebietenden Idee der Vollendung.

Vollendung – was für ein Gedanke! Der Kunst, dem Künstler steht er am nächsten. Immer vollendet er; immer, von Werk zu Werk, läßt er sich weiterlocken und zum Leben verführen von der Sehnsucht nach Vollendung, diesem Trieb, von dem nicht ganz klar ist, ob er eigentlich dem objektiven Werk oder der Person, der eigenen Rettung und Rechtfertigung, der Selbstvollendung gilt. Es ist der Trieb zum »Guten« im absoluten und schon symbolischen Sinn dieses Wortes, der den Künstler beherrscht, und dem er in ernstem Spiele gehorcht, einem symbolischen Spiel. Alle Kunst ist symbolisch, ist es kraft des Doppelsinns dieses Triebes, und wenn sie auch die Beredsamkeit zu einem ihrer Mittel macht, ihr eignet doch das schweigende Sein des Symbols, des Zeichens, des Bildes, in das man vieles hinein-, aus dem man vieles herauslesen kann, und das doch nicht verwirrt, sondern durch Anschauung befriedigt und den Sinn für das Gute belebt.

Der wunderbare Mensch, den vor zweihundert Jahren

ein junges deutsches Weib zur Welt gebar, und dessen leuchtender Lebensbogen nicht nur am deutschen Himmel steht, sondern überall auf Erden staunendes Schauen auf sich zieht, – Goethe – was, so könnte man fragen, lehrt und rät uns sein Werk, was hat es je gelehrt undverkündigt? Nichts und alles. Wie die Natur, wie eines Götterbildes stilles, von keinem Streit berührtes, auf allen Streit ironisch herabblickendes Sein. Preis dem achtzehnten Jahrhundert, das den »großen Mann« deutscher Nation, den Übermenschen, dies eine Mal, in höchster, weltgewinnender Liebenswürdigkeit hervorbrachte, als Dichter und Weisen, als Lebensfreund, Friedenshelden, als Gesegneten der Natur und des Geistes, als Liebling der Menschheit – so ist man zu sagen versucht angesichts der reinen und einmütigen Sympathie, mit der buchstäblich die ganze bewohnte Erde die hohe Wiederkehr seiner Epiphanie begeht. Ich brauche dies Wort, das die Ankunft, Herniederkunft, das Erscheinen eines Gottes auf Erden bedeutet, denn noch einmal: etwas Göttliches war es mit ihm, mit dem ironisch-liebevoll, kühl-majestätisch, grundgütig Allumfassenden seines Wesens – und etwas Dämonisches doch auch an dunkler Getriebenheit, naturelbischer Vieldeutigkeit, vitalem Magnetismus, in Geist aufflammender Lebensgewalt, die seit Jugendtagen bis ins hohe Alter ausgegangen sein muß von seiner zuletzt übergroßen, nivellierenden, zu staunender Unterwürfigkeit nötigenden »Persönlichkeit.«

Den Zeitgenossen schon, vielen von ihnen, einigen, einzelnen, war diese gewaltige Persönlichkeit ein Licht und eine Beglückung. Andere, und nicht immer die Schlechtesten, haben an ihm gelitten, an dem Egoismus, nach dem sein von göttlicher Kühle umflossenes Leben zuweilen aussieht; denn »die Pyramide seines Daseins so hoch wie möglich zu spitzen«, war all sein Betreiben, um den Auf- und Ausbau einer umfassenden persönlichen Kultur war es ihm zuerst und zuletzt zu tun, und daran alles Störende, Beeinträchtigende, Beirrende abzuwehren von seiner Individualität, deren Einzigartigkeit er wohl zu schätzen wußte, wendete er seine ganze Lebenskunst. Zu dieser Abwehr, dieser Nichtzulassung und instinktiven Selbstbewahrung, diesem sich immer Zurückziehen, Zurücknehmen, gehört die »Entsagung« auch, die er in der Liebe übte; denn das Element absoluter Hingegebenheit und Selbstvergessenheit war seiner Individualität nicht gegeben, und selbst ein innigster Bewunderer unter den Zeitgenossen, Carl Gustav Carus, spricht hier von einem »Mangel«, der ihn freilich des Verzichtes fähig gemacht habe, uns aber doch, so notwendig er seiner Größe gewesen sei, immer ein herbes Gefühl zurücklasse.

Ein herbes Gefühl. Wo ist die Größe, die es mäßig-mittlerem Menschentum nicht einflößte? In seiner ›Iphigenie‹, die er »verteufelt human« genannt hat, und die wirklich ein Gedicht von reinster Humanität und solcher Schönheit der Form ist, daß jedem für Kunst Empfänglichen, der deutsch versteht, die Tränen dabei in die Augen treten, sagt er einmal:

»Denn es erzeugt nicht gleich
Ein Haus den Halbgott, noch das Ungeheuer,
Erst eine Reihe Böser oder Guter
Bringt endlich das Entsetzen, bringt die Freude
Der Welt hervor.«

Den Halbgott und das Ungeheuer, will sagen: den Unmenschen, – er denkt das zusammen, er nimmt das eine ins andere auf und weiß, daß es ohne einiges Entsetzen in der Freude, ohne das Ungeheuer im Halbgott nicht abgeht. Etwas Ungeheuerliches oder Nicht-Geheures, die Atmosphäre großer Einsamkeit – einer duldsamen, gnädigen, fast alles gelten-lassenden und fast alles verachtenden Einsamkeit – ist auch um ihn, den allzu Überragenden, und der Sterbliche nahte sich ihm wohl mit zitternden Knien. Dieser Sterbliche mochte es sich dann angelegen sein lassen, schlicht und bestimmt vor ihm zu sprechen, denn der sehr von oben herab kommende Befehl des Hausherrn am Weimarer Frauenplan lautete: »Wenn ich die Meinung eines anderen anhören soll, so muß sie positiv ausgesprochen werden; Problematisches hab' ich in mir selbst genug.« – Mehr will auch ich nicht gesagt haben.

»Unwahr wie ein Festredner.« Das Wort stammt von Strindberg und war an Björnson gerichtet. Wir wollen es nicht noch einmal wahr machen, sondern selbst am hohen Geburtstag um Wahrheit bemüht bleiben und trachten, den Gefeierten in ihrem Licht zu sehen. Wir wollen auch nicht die populäre und schon abgeschmackte Unterscheidung mitmachen zwischen einem »bösen« und einem »guten« Deutschland und das erhabene Geburtstagskind als den Repräsentanten des »guten« propagandistisch herausstellen. Großes Deutschtum hat von Gutheit so viel, wie Größe überhaupt davon haben mag, aber das »böse« Deutschland ist immer auch in ihm, und den Helden des Tages sehen wir, glaube ich, in wahrem Licht, wenn wir einen Ausbruch großen Deutschtums, eine Erscheinung deutscher Gewaltigkeit in ihm sehen – allerdings die sublimste, humanisierteste, gebändigste Abwandlung davon –, den olympisch gebildeten Titanen, – es ist ein Wunder!

Goethe – dieser jetzt ausgestorbene, nicht mehr vorkommende Familienname, dieses Sippenschild, welches, nachdem viele Gleichgültige es getragen, durch den Einen, Späten zu einem Palladium der Menschheit, zum Namen für ganze Welten der Kunst, Weisheit, Bildung, Kultur geworden ist,– dieser merkwürdige Name ist selbst schon Symbol und siegelartige Bestätigung der Auffassung, die ich begünstige: Das Nordisch-Gotische (denn von »Gothe« kommt er doch wohl), das Barbarische also, ist darum durch den flötenhaften Umlaut ins Musische geläutert, – und Läuterung, Klärung, Ordnung, Formung ist in der Tat der Imperativ, das hohe Geschäft dieses Lebens, das man oft ein Kunstwerk genannt hat und besser noch ein Kunststück nennen sollte. So hat er selbst es gekennzeichnet in dem Spruch, den er sich hätte zur Grabschrift bestellen können:

»›Wohl kamst du durch; so ging es allenfalls.‹
Mach's einer nach und breche nicht den Hals.«

Was wir von Vorstellungen von Harmonie, glücklicher Ausgewogenheit und Klassizität mit Goethes Namen verbinden, war nichts leichthin Gegebenes, sondern eine gewaltige Leistung, das Werk von Charakterkräften, durch welche dämonisch-gefährliche und möglicherweise zerstörerische Anlagen überwunden, genützt, verklärt, versittlicht wurden, zum Guten und Lebensdienlichen gewendet und gezwungen. Und doch bleibt immer viel Dämonisch-Dunkles, Übermenschlich-Unmenschliches, das den bloßen Humanitarier kalt und schreckhaft anweht, in dieser mächtigen Existenz, schon dank der polaren Spannung, in der sie schwebt, dem problematischen Reichtum an Gegensätzen und Widersprüchen, der die Quelle ihres Schöpfertums ist; dank der ungeheueren Dialektik seiner Natur, in der das Göttliche und das Teuflische, Fausts unendliches Bestreben und der höhnische Nihilismus des Mephistopheles dichterisch auseinandertreten und einander die Wahrheit streitig machen. Ja, wer wollte leugnen, daß der Teufel so gut wie immer verzweifelt recht hat mit dem, was er sagt, und wer fühlte nicht, daß seine vernichtenden Worte mindestens ebenso sehr aus der Seele des Dichters kommen, wie die des Fausts oder Gottes, des Herrn? Darum meint Carus, daß, so hoch auch der Standpunkt war, auf welchen der ›Faust‹ die Mitlebenden führen sollte, doch vielleicht Tausende mehr Verzweiflung als Förderung daraus hätten schöpfen müssen.

Der hohe Standpunkt, von dem da aber die Rede ist, ist der des Schauens. Was in der Philosophie die Dialektik ist, das ist beim Dichter das Schauen, der geöffnete Blick für die Widersprüche, für das Böse im Guten, die Verderbnis der Idee durch ihre Verwirklichung, die fundamentale Tragik des Menschenlebens. Alles reine Schauen ist tragisch. Darum ist ›Faust‹ eine Tragödie, ist es besonders dort, wo das Gedicht sich zur sozialen Utopie wendet und Faust nach vielen Abenteuern der Erkenntnis die technisch-soziale, kollektiv verpflichtete Tat, das große Landgewinnungs- und Siedelungswerk, der Völker breiten, dem Elemente abgewonnenen Wohngewinn, als Gipfel seines Strebens, als seinen »höchsten Augenblick«, als Rechtfertigung und Erlösung erlebt. Welche bitterste Ironie – die Ironie des Schauens – durchsetzt diese prachtvoll gedichteten Szenen! Das gute Werk, das Faust in der besten Meinung, wenn auch mit den unvermeidlich dazu gehörigen Mitteln der Gewalt und der Lockung dirigiert, – es ist des Teufels. »Menschenopfer mußten bluten, nachts erscholl des Jammers Qual«; Philemon und Baucis, das gute, im Vergangenen wohnende alte Pärchen, müssen in ihrer Hütte verbrennen, mit ihnen der Fremde, der freie Wanderer; und als der blinde Faust sich am Geklirr der Spaten ergötzt, die vermeintlich sein Werk fördern, da sind es nicht die Spaten der beigepreßten Arbeiter oder des freien Volkes auf freiem Grund, sondern die der schlotternden Lemuren, die den Hundertjährigen einbetten wollen, und Mephistopheles murmelt bissig:

»Man spricht, wie man mir Nachricht gab,
Von keinem Graben, doch vom Grab.«

Tragische Ironie! Aber ist sie die Verhöhnung und Verneinung der Tat, – die doch schon für den bibelübersetzenden Faust »im Anfang war«, als Verdeutschung des Logos? Ist das Schauen des Tragischen konservativer Defaitismus? Nur Geister, die nicht wollen, daß etwas geschehe, daß irgend etwas sich ändere, können behaupten, nie sei es dem Dichter ernst gewesen mit Fausts »höchstem Augenblick«, mit seinem Sozialwerk der Menschenbeglückung. Im Gegenteil habe er nur zeigen wollen, daß es des Teufels ist, ein Irdisch-Partielles, das Soziale, Ökonomische über sich zu stellen und so das Spirituelle im Menschen, das Metaphysische und Religiöse zu verleugnen. »Die Bejahung des Sozialen«, sagen sie, »kann das Religiöse oder gar das Metaphysische nicht ersetzen.« Sie bestehen mit seltsamem Nachdruck auf dieser Selbstverständlichkeit in einem Augenblick, wo alles Ringen der Menschheit darum geht, sich auf eine höhere Stufe ihrer sozialen Reife zu erheben, wo alles darauf ankommt, die lebensgefährliche, katastrophengeladene Spannung auszugleichen, die sich hergestellt hat zwischen Wahrheit und Wirklichkeit, zwischen dem geistig längst Erreichten und dem, was sich noch Wirklichkeit zu nennen wagt, und wo in der Sorge um diesen Ausgleich von Religiosität, von Gehorsam gegen den Willen des Weltgeistes ganz sicher mehr ist, als in aller spirituellen Frömmelei.

Dem Dichter, dessen ganzes Alterswerk voll ist von sozialer Utopie und dessen Ideen und Gesichte in den ›Wanderjahren‹ so gut wie im ›Faust‹ weit hinausgehen über das achtzehnte und neunzehnte Jahrhundert bis in unser eigenes Zeitalter, war es von Herzen ernst mit

Fausts letztem Abenteuer und seinem höchsten Augenblick, diesem »Solch ein Gewimmel möcht' ich sehen«, auch wenn er die Tragik der Tat durchschaute und die Erlösung seines Heilsuchers der Liebe und Gnade von oben vorbehielt. Nie hätte er sich dazu hergegeben, gegen ein Neues, das kommen wollte oder schon da war, überalterte und schon heuchlerisch gewordene Ideale auszuspielen, denn er wußte, daß sich die Welt beständig erneuert, und hat sich den Namen eines Konservativen, der nur das Bestehende bewahren wolle, schönstens verbeten, denn vieles, was bestehe, sei gar dumm und schlecht, und was im Jahre 1800 vernünftig gewesen sei, das könne 1850 sträflicher Unsinn sein. Er hat gerufen:

»Entzieht euch dem verstorbenen Zeug,
Lebendiges laßt uns lieben!«

Und seiner Weisheit letzter Schluß heißt: »Es gilt im Grunde doch nur: vorwärts!«

Ganz gewiß sind des Teufels Wahrheiten auch wahr in ihm, aber durch Faustens Mund spricht er zu ihm:

»Dein widrig Wesen, bitter, scharf,
Was weiß es, was der Mensch bedarf?«

Und als der hämische Begleiter den Faust verhöhnt, der an Kaisers Hof gern zum Glück der Menschen regieren, im Bunde mit der Macht auf Erden das Bessere, das Edel-Wünschbare herstellen möchte, da ist ihm die Antwort vorgesehen:

»So höre denn, wenn du es niemals hörtest:
Die Menschheit hat ein fein Gehör,
Ein reines Wort erreget schöne Taten.
Der Mensch fühlt sein Bedürfnis nur zu sehr
Und läßt sich gern im Ernste raten.«

Was hat Goethe uns bedürftigen Menschen geraten? Die Zeitgenossen hat oft genug ein zum Scheiden und Werten unwilliger Objektivismus – der Objektivismus der Kunst und Natur – verschüchtert, der ein Wesen war, ein Element umfassenden Zweifels, das ihn, wenn wir seiner Umgebung glauben dürfen, gern Sätze sprechen ließ, die gleich den Widerspruch auch schon enthielten, und: »Er hat sein Sach' auf nichts gestellt« ist das moralisch beklommene Wort, in das Schillers Frau, Charlotte, diese Erfahrungen zusammenfaßt. Aber dieses »Nichts«, es ist ein anderer Name für »Alles«, für das Menschlich-Umfassende, die tausendfache Lebendigkeit des Proteus, der in alle Formen schlüpft, alles zu wissen, alles zu verstehen, alles zu sein, in jeder Haut zu leben verlangt. Nichts und alles sind da eins, wie Mephistopheles und Faust eins sind in der Person ihres Schöpfers, der sie ihren Pakt schließen läßt auf dem Grund einer totalen, das Höllische ins Allmenschliche umdeutenden Lebenshingegebenheit.

»Mein Busen, der von Wissensdrang geheilt ist,
Soll keinen Schmerzen künftig sich verschließen,
Und was der ganzen Menschheit zugeteilt ist,
Will ich mit meinem Innern selbst genießen,
Mit meinem Geist das Höchst' und Tiefste greifen,
Ihr Wohl und Weh auf meinem Busen häufen
Und so mein eigen Selbst zu ihrem Selbst erweitern.«

Ist das ein Teufelspakt? Bekenntnis zum Nichts? Es ist höchste Lebensbereitschaft, der höchste, opferwillige und freilich auch zum Hinnehmen von Opfern willige Anspruch auf Menschheitsrepräsentanz, höchster Humanismus. Ohne jene oft treulos wirkende Ubiquität hätte er nie eine Vereinigung des Urbanen und des Dämonischen vollendet, wie sie in so gewinnender Größe kein zweites Mal vorgekommen ist in der Geschichte der Gesittung.

Das Deutsch-Volkhafte und das Mediterran-Europäische in vollkommen zwangloser und einleuchtender Synthese, in einer Verbindung, die im Wesen dieselbe ist, wie die des Geniehaften und des Vernunftvollen in ihm, des Geheimnisses und der Klarheit, des Tiefenlautes und des geschliffenen Wortes, des Dichters und des Schriftstellers, der Lyrik und der Psychologie – noch einmal, es ist ein Wunder!

Das »gute Deutschland«, das ist die Kraft, gesegnet durchs Musische, gesittete Größe. So konnte ein Deutscher musterhaft werden, Vorbild und Vollender seines Volkes nicht nur, sondern der Menschheit, zu deren Selbst er sein Selbst erweiterte.

Stefan Zweig

Zu Goethes Gedichten

Vorrede zu meiner Auswahl von Goethes Gedichten
im Verlag von Philipp Reclam jun.

Das erste Gedicht Goethes malt die ungelenke Kinderhand des Achtjährigen auf ein Geburtstagsblatt für die Großeltern. Das letzte Gedicht Goethes schreibt die zweiundachtzigjährige Greisenhand, einige hundert Stunden vor seinem Tode. Innerhalb so patriarchalischer Weite des Lebens schwebt unwandelbar die Aura der Dichtung über diesem unermüdlichen Haupt. Es gibt kein Jahr, in manchem Jahr keinen Monat, in manchem Monat keinen Tag, wo dieser einzige Mensch sich das Wunder seines Wesens nicht selbst in gebundener Rede erläutert und bekräftigt hätte.

Mit dem ersten Federzug beginnt also bei Goethe die lyrische Produktion, um erst mit dem letzten Atemzug zu enden: Dichtung ist ihm ebenso unentbehrlich und selbstverständlich für die ständige Interpretation seines Lebens wie Strahlung dem Licht und Wachstum dem Baum. Sie wird durchaus organischer Vorgang, eine Funktion des Elements Goethes, eine nicht wegdenkbare, und fast wagt man nicht, sie Tätigkeit zu benennen, weil Tun schon etwas an den Willen Gebundenes ausdrückt, indes sich bei dieser notwendig schaffenden Natur die dichterische Reaktion gegen den Andrang des Gefühles gleichsam chemisch und bluthaft vollzieht. Der Übergang von der prosaischen Sprache ins gereimte und dichterische Wort geschieht bei ihm völlig zwanglos: mitten im Brief, im Drama, in der Novelle rauscht die Prosa plötzlich beflügelt in die ungebundene Form dieser höheren Gebundenheit. Jede Leidenschaft schwebt in ihr hoch, jedes Gefühl löst sich auf in ihren Sphären. Kaum wird man darum in der ganzen fülligen Breite seiner Existenz irgendeinem wesentlichen Geschehnis des Menschen ohne poetische Verdichtung begegnen. Denn wie selten das Gedicht bei Goethe ohne Erlebnis, so auch selten ein Erlebnis ohne den goldenen Schatten des Gedichtes.

Manchmal hat dies lyrische Strömen Stockungen und Störungen wie ein Körper seine Müdigkeiten. Doch nie lischt das Lyrische bei Goethe vollkommen aus. In den späteren Augenblicken seines Daseins glaubt man oft schon die von innen aufspringende Quelle unter der Dumpfheit des Lebens erstickt, vom Schutt der Gewöhnung versandet. Aber plötzlich sprengt ein Erlebnis, eine Explosion des Gefühles neue Quellen auf – aus anderer Tiefe, gleichsam aus anderen, verjüngten Adern beginnen die Verse neu zu strömen, das lyrische Wort kehrt nicht nur wieder, sondern – wunderbar! – mit einer anderen, noch unbekannten Melodie. Denn jede seiner Neugeburten, seiner Verwandlungen verwandelt auch seine innere Musik, an jeder Gärung des Blutes kühlt und keltert sich das Goethesche Gedicht zu neuem Arom – immer anders, immer dasselbe nach seinem eigenen Spruche: »Und so spalt' ich mich, ihr Lieben, und bin immerfort der Eine.«

Diese Ausdauer des lyrischen Geistes auf höchster Stufe der Steigerung und Spannkraft ist einzig bei diesem Dichter: die Weltliteratur hat nichts an Kontinuität wie an Intensität dieser Fülle zur Seite zu stellen. Nur ein anderer Trieb in ihm selbst ist gleich dauerhaft und jede wache Stunde bemeisternd: die Leidenschaft, das Geistige durch Gedanken zu binden, wie im Gedichte das Erlebte durch Formen. Beides sind Resultanten desselben Willens, das zugeteilte Leben in Gestalt und Gedanken zu verwandeln und die Summe des Lebens durch schaffende Ordnung zu erhöhen. Wie die Ströme des Paradieses aus dem gleichen Urgrunde des Seins bis an die Enden der Welt, so rauschen diese beiden Ströme aus der Tiefe seiner Innerlichkeit seine ganze Existenz entlang: ihre Bindung und beharrliche Gleichzeitigkeit bildet das Geheimnis seiner Einzigkeit.

Großartig darum alle Augenblicke, wo diese beiden Hauptmanifestationen seines Lebens, wo Goethe, der Dichter, und Goethe, der Denker, sich durchdringen, wo Geist und Gefühl sich vollkommen ineinander lösen. Berühren sich diese Welten hoch oben in ihren Wipfeln, so entstehen jene gewichtigen Gedichte orphischer Tönung, die sowohl zum höchsten Gedankenwerk der Menschheit als zu dem lyrischen Reiche gehören; berühren sie sich aber tief in den Wurzeln ihres Ursprunges, so formen sie die vollkommensten Bindungen von Sprache und Geist, ›Faust‹ oder ›Pandora‹, Gedichte über allen Gedichten: das Weltgedicht.

Eine solche allseitige Ausbreitung der lyrischen Sphäre erfordert naturgewäß auch eine wahrhaft welthafte Fülle des lyrischen Ausdruckes. Goethe hat sie sich und uns innerhalb der deutschen Sprache erschaffen – fast möchte man sagen, aus dem Nichts. Der lyrische Fundus, den er von seinen Vorgängern übernimmt, ist abgenutzt, verstaubt, verblichen und nur eng auf bestimmte Trachten und Figuren der Dichtkunst zugeschnitten. Professoral-didaktisch sind die Stile des Gedichtes abgeteilt nach Anlaß und Herkunft – aus romanischer Sprachwelt hat die deutsche das Sonett sich geborgt, von der Antike den Hexameter und die Ode, von den Engländern die Ballade, und aus eigenem kaum mehr als die lockere Strophik des Volksliedes dazu gegeben. Goethe, der Strömende, dem Stoff und Form, Gehalt und Gefäß »Kern und Schale«, lebendige Einheit bedeuten, bemächtigt sich raschen Zugriffes all dieser Formen, füllt sie aus, ohne aber das Übermaß seines Ausbruches in ihnen ganz erfüllen zu können. Denn alles Eingeschränkte wird seiner schöpferischen Wandelbarkeit zu eng, alles Umschlossene zu kerkerhaft für den Überdrang seiner sprachlichen Gewalt. So entflieht er den gebundenen Formen ungeduldig in eine höhere Freiheit:

»Zugemessene Rhythmen reizen freilich,
Das Talent erfreut sich wohl darin,
Doch wie schnelle widern sie, abscheulich
Hohle Masken, ohne Blut und Sinn.
Selbst der Geist erscheint sich nicht erfreulich,
Wenn er nicht, auf neue Form bedacht,
Jener toten Form ein Ende macht.«

Diese »neue Form« des Goetheschen Gedichtes aber ist selbst wiederum keine einmalige, keine starr bestimmbare. Alle Formen aller Zeiten und Zonen zieht sein impulsiver Sprachdrang neugierig an sich, in jeder sich versuchend, an keiner sich genügend – vom hexametrischen Langzeiler bis zur kurzen, fast hüpfenden Form des Stabreimes, vom knorrigen Knüppelreim des Hans Sachsischen Gedichtes bis zum frei fließenden Pindarschen Hymnus, von der persischen Makame bis zum chinesischen Sinnspruch durchspielt und überspielt er alle bestehenden Metren mit seiner allumfassenden panischen Sprachgewalt. Und nicht genug daran, er schafft Hunderte neue Formen inmitten des deutschen Gedichtes, namenlose und unbenennbare, gesetzmäßige und nicht zu wiederholende, einzig nur ihm sich verdankende, deren souveräne Kühnheit auch unsere jüngste Generation nicht wesentlich übermessen hat. Manchmal fürchtet man fast, als hätten die siebzig Jahre seiner Dichtung schon die lyrische Formfähigkeit und Variation der deutschen Sprache zum Großteil erschöpft, denn so wie er wenig übernommen von dem früheren Geschlecht, so haben auch die Nachfahren dem lyrischen Ausdruck wenig Wesentliches dazugetan. Überragend einsam steht zwischen dem Vordem und Nachher seine unendliche Tat.

Doch Mannigfalt der Formen, sie würde allein nicht genügen als Bürgschaft lyrischer Überlegenheit; weltbedeutend macht ja den Dichter immer erst nur seine Allgegenwart in jedem Werke, das wirkliche Wunder, daß innerhalb seiner Mannigfaltigkeit jede einzelne Form und jede Äußerung das unsichtbare Merkmal der Einheit und Neuheit eingezeichnet trägt, also in mystischer Weiterleitung und Vererbung gleiches Blut bis in die letzte Ader seines Verses eindringt. Dieses Zeichen königlichen Ursprunges, dieses Zeichen geistigen und sprachlichen Herrentums ist jedem Goetheschen Gedicht so deutlich aufgeprägt, daß wir durch allen Formenwandel hindurch unverweigerlich in jedem einzelnen ihn als einzig möglichen Schöpfer erkennen, ja mehr noch – daß die wahrhaft Wissenden an jedem Korn seiner lyrischen Ernte noch Jahrgang und Stunde prüferisch unterscheiden, daß man aus irgendeiner Intonation, aus einer sprachlichen Handlung, aus irgendeinem Inkommensurablen fast immer bestimmen kann, welchem Jahresring dieses einzelne Gedicht angehört, ob seiner Jugend, seinen klassischen Jahren oder der Spätzeit. So wie der Duktus in seiner Handschrift trotz aller Wandlungen vom zehnten Jahre bis zum achtzigsten durch alle Wandlungen unverkennbar bleibt und man unter Tausenden Schriftzügen aus einem einzelnen Worte Goethe als den Schreibenden erkennt, so vermag man aus jeder Prosaseite, aus jedem Vierzeiler fehllos Goethe als den Dichter anzusprechen. Der Makrokosmos, die Welt Goethe, ist sichtbar auch im Mikrokosmos, im kürzesten Gedicht.

Doch freilich, so leicht es fällt, das spezifisch Goethesche in Goethes Lyrik zu erkennen, so schwer fiele es (auch einem dickleibigen Buch), dies ganz Persönliche seiner Gegenwart sachlich zu fixieren und begrifflich starr zu umschränken. Bei Hölderlin, Novalis, bei Schillers Lyrik bietet es wenig Schwierigkeiten, die besondere Physiognomie des Sprachstils nachzuzeichnen, ja sogar auf metrische und ästhetische Formeln zu bringen, weil bei diesen eine deutlich besondere Sprachfarbe vorwaltet, die Ideenwelt bestimmt-umgrenzte Kreise zieht und die Rhythmik an eine besondere Form des Temperaments dauernd gebunden erscheint. Bei Goethes Lyrik aber führt jeder Versuch einer Formulierung unverweigerlich ins Geschwätzige oder Mataphorische. Denn seine Sprachfarbe ist die des Spektrums, das immer voll strömende, sich in ewiger Mannigfalt verwandelnde Licht, eine Sprachsonne, wenn man das Bild wagen darf, nicht bloß ein abgeteilter Strahl. Seine Rhythmik wiederum gehorcht nicht Trochäen und Daktylen, also einer einmaligen Einstellung, sondern taktiert in nachfühlendem Leben jeden Schlag dem eigenen stürmischen oder ruhenden Atem nach. So erscheint sein lyrischer Ausdruck dermaßen natürlich, daß nur seine Natur selbst, die allumfassende, und nicht die Literatur ihn zu erklären vermag. Immer führt jede Untersuchung von Goethes Eigenart im Gedicht über das Sprachtümliche hinaus in das Elementare seiner Natur, in die Sinnlichkeit seines Welterlebens. Immer ist die letzte Erklärung seiner Einheitlichkeit nicht das Kunstwerk, das Es; immer nur das Schöpferische, das Beharrende in der Verwandlung, das Unteilbare: Er.

Dieser »geheimnisvoll offenbaren« Einheit des Goetheschen Wesens steht paradoxerweise nichts mehr hemmend entgegen als seine eigene Fülle. Es ist schwer,

Unendliches zu gliedern, ein Unüberschaubares zu umfassen, und wenn so viele Deutsche noch immer so wenig Eingang und Vertrautheit in Goethes Welt führt, so verschuldet dies einzig die Fülle der Gesichte. Denn wahrhaft erweist sich beinahe ein ganzes Leben notwendig, um das seine zu überschauen, ein ganzes Studium, um ihn zu verstehen: seine Schriften über die Naturwissenschaften allein bilden einen Kosmos, seine sechzig Briefbände eine Enzyklopädie. Und selbst seine Lyrik mit ihren mehr als tausend Gedichten wehrt durch ihre Mannigfalt jedem nicht fachlich geschulten Blick, als Einheit sich erkennen zu lassen. So ist der Wunsch nur allzu verständlich, durch eine Auswahl dese Vielzahl zu deutlicherer Übersicht zu verkürzen.

Freilich, mit wie hohem Anspruch tritt ein solches Unterfangen, aus Goethes lyrischer Welt die wesentlichsten Verse zu wählen, an einen einzelnen heran, der sich dieser Auswahl vermißt! Und nur die bescheidene Erkenntnis kann ihm seine Verantwortung mindern, daß bei einer solchen Lese nicht sein eigenes Wertgefühl hochmütig entscheidet, sondern unbewußt der Geist seiner ganzen Generation in dieser Aufgabe mitwaltet. Denn Goethes Bildnis und Leistung – verleugnen wir uns diese Tatsache nicht – tritt in immer anderer Gestalt und Verwandlung an jedes Geschlecht und innerhalb dieses an jedes Lebensalter andersdeutig heran. Nur scheinbar hat am 22. März 1832 die Kette jener geistigen Metamorphosen geendet, die wir Goethe nennen: in Wahrheit verwandelt sich sein Bildnis und seine Wirkung noch immer fort innerhalb der Zeit und der Zeiten. Noch immer ist Goethe kein starrer Begriff, keine literaturgeschichtlich mumifizierte Gestalt geworden: jedem Geschlecht gibt er sich in neuem Sinn, jeder Neuwahl mit neuer Form. Um nur innerhalb des Lyrischen zu bleiben: welche Wertwandlung hat allein sein ›Westöstlicher Diwan‹ erfahren, mit welcher Überwucht tritt diese magische Selbstenthüllung des Alternden an unser Gefühl heran, das gleiche Werk, das seine Zeitgenossen und noch das neunzehnte Jahrhundert ihm als skurriles und tändlerisches Maskenspiel bloß gerade noch verziehen! Und wie hat sich anderseits der Balladen-Goethe der Schiller-Zeit und manches volkstümliche Gedicht, vielleicht auch weil allzuoft abgeleiert, unserer Wertung entfremdet! Der olympische Schul-Goethe, der allen verständliche, der klassische Künstler einer uns seit Hölderlin und Nietzsche nicht mehr zugänglichen Antike, immer mehr tritt diese allzu faßbare Gestalt gegen den großartig orphischen Bildner seiner geheimnisvollen Gedichte, seiner wahrhaft kosmischen Weltumfassung zurück. Durchaus wird also eine Lese des zwanzigsten Jahrhunderts sich anders gestalten müssen, ganz abgesehen von der individuellen Wertung, als die Anthologien und Auswahlen des neunzehnten Jahrhunderts.

Nur der ursprüngliche Maßstab schien noch der gleiche und gewissermaßen von selbst dem Abteilenden in die Hand gewachsen: heute wie damals muß vor allem versucht sein, das absolut lyrisch Gültige, das durchaus Beständige von dem Zufälligen und Unzulänglichen in der Fülle zu sondern. Leichte Arbeit dies für den ersten Blick, der meinte, es genüge vollauf, jene Verse wegzuräumen, die höfischer Forderung oder höflichem Gelegenheitsanlaß ihr Leben dankten, ferner alle die bloß spielhaften und zufallsgemäßen Schöpfungen, wo das Material des Verses und des Reimes als Zauberlehrling bei Abwesenheit des Meisters, des produktiven Elementes, gleichsam aus sich allein heraus weitergedichtet hat. Aber bald stellte unerwartete Schwierigkeit sich für den Wählenden ein, neue Frage, neue Entscheidung, ja Umstellung des ursprünglichen Prinzips. Denn bei diesem Scheidungs- und Reinigungsprozeß begegnet das wählende Gefühl oft gewissen einzelnen Gedichten, die sich gegen die Unterdrückung aus rein ästhetischen Gründen dank einer ihnen innewohnenden andersgründigen Kraft merkwürdig wehrten, die Anspruch des Daseins und Gewähltseins forderten, aus einem anderen Recht als dem ihres bloß künstlerischen Gewichtes. Und bald ward ich gewahr, daß, wie im Leben selbst, auch in der Kunst eine gewisse Legitimität durch Dauer des Daseins und gefühlsmäßige Wirkung vorhanden sein kann: Gedichte, die nicht um ihrer Kostbarkeit willen einen Lebenswert für uns haben, sondern als ein Pretium affectionis der Nation teuer geworden sind, als Liebeswert, von dem sich das Gefühl ebensowenig gern trennen würde wie von einem altvertrauten, zwar nicht kostbaren, aber durch Pietät längst geheiligten Gegenstand. Wie zum Beispiel entscheiden bei einem Gedicht wie dem ›Heiderösleing‹? In sich betrachtet, scheint es vielleicht zu naiv belanglos für unser heutiges Gefühl, dazu noch belehren uns die Philologen, daß es Goethe gar nicht zuzuschreiben sei und bestenfalls als Bearbeitung eines längst bekannten Volksliedes zu werten. Der streng angewandte Maßstab forderte also hier Verwerfung – aber doch, wie ein Gedicht ausscheiden, das mit dem Schulbuch uns dem Namen Goethes zum erstenmal verband, dessen Melodie auf unserer Kinderlippe schwebt und kaum gerufen, Wort für Wort uns innerlich wach wird? Oder ein anderes Beispiel: Sicherlich sind die mehr witzigen als lyrischen Verszeilen »Vom Vater hab' ich die Statur« (unwillkürlich ergänzt sie jeder weiter – denn wer kennt sie nicht?) wenig bedeutsam und der bloß ästhetische Richter müßte sie einer reinen Auswahl entziehen. Aber doch, wie dieses Blatt der »großen Konfession« ausscheiden, wo mit einem Riß

Wesen und Ursprung seiner körperlich-geistigen Struktur scharf und unvergeßlich gezeichnet sind? Und so fanden sich wiederum andere Verse, in sich selbst nicht farbenkräftig genug, die besondere Leuchtkraft hatten durch den Widerschein von Gestalten und Situationen, manche Gedichte an Charlotte v. Stein, Lili und Friederike, mehr Briefblatt als Gedicht, mehr Seufzer und Gruß denn Kunstwerk, aber doch unentbehrlich dem biographischen Gesamtbild. Und bald erwies sich mir, daß die äußerste Strenge des ästhetischen Urteils da ein wunderbar Durchnervtes zerreißen würde, daß eine sich starr und unnachsichtig bloß auf den Kunstwert hin richtende Auswahl Lyrik und Leben, Anlaß und Aussage, Kunstwerk und Biographie gerade bei jenem Menschen zertrennen müßte, dessen wunderbar aufgestufte und organische Mencheneinheit wir ebensosehr als Kunstwerk empfinden wie die Kunst selbst. So wurde hier in weitherzigerer Auslese vielfach über die Ordnung des Stils als höheres Maß jene Norm gesetzt, die wir noch immer als höchste Ordnung eines irdischen Wesens innerhalb aller Zeiten empfinden: das Leben Goethes als schaffendes Geheimnis.

Nicht nur aber die Auswahl selbst, auch die Anordnung der Gedichte wurde dann von dieser endgültigen Überzeugung bestimmt, daß Werk und Leben bei Goethe eine untrennbare Ganzheit seien; sie ist eine chronologische und reiht die Gedichte (die meisterliche Arbeit Hans Gerhard Gräfs nutzend) in der zeitlichen und darum natürlichen Folge ihrer Entstehung. Eine solche Einteilung hat scheinbar allerhöchste Autorität gegen sich, nämlich jene des Dichters selbst, der in seiner »Ausgabe letzter Hand« das lyrische Gesamtmaterial in metrische Kategorien ordnete, deren Überschriften »Natur«,

»Kunst«, »Sonette«, »Antiker Form sich nähernd«, »Gott und Welt« er allemal mit prägnanten Denksprüchen begleitete. Wie Blumensträuße sind dort die Verse nach ihrer geistigen Farbe, nach ihrer metrischen Klassifizierung, nach ihrer Spezies sorgfältig zusammengebunden und das ungeheure lyrische Reich aufgeteilt in einzelne Provinzen der Seele und der Sinne. In unserer Einteilung wiederum ist versucht, die kunstvollen Blumensträuße neuerdings auseinanderzubinden und jedes einzelne Gedicht neu einzusenken an die Stelle seines zeitlichen und ursprünglichen Gewachsenseins, getreu Goethes Wort zu Eckermann: »Alle meine Gedichte sind Gelegenheitsgedichte, sie sind durch die Wirklichkeit angeregt und haben darin Grund und Boden.« In diesen Grund – das Wort im Sinn des Anlasses und der erdhaft zeitlichen Gebundenheit – wird durch diese chronologische Anordnung jedes Gedicht wieder zurückgepflanzt. Nicht nach ihrem Sein und Dasein, sondern in der Folge ihres Gewachsenseins schließen sich hier den Gedichten des Jünglings die der Mannesjahre und jenen wieder die großartig begrifflichen Allegorien der Altersjahre an. Damit wird, glaube ich, eine einzige Überschau über dies gewaltige lyrische Strömen gewonnen, vom ersten Ausbruch der Quelle bis zum getragen machtvollen Übermünden ins Unendliche, und jeder einzelne Anlaß, Bilder und Jahreszeiten, Menschen und Geschehnisse, erscheint in dieser fortfließenden Welle naturhaft gespiegelt. Nicht zufällig beginnt die Auswahl mit jenen stürmenden Jugendstrophen, wo der Hammer des Herzens die starren Formen der deutschen Lyrik zerschlägt, und endet nicht zufällig in jenem geheimnisvollen Verschweben des ›Chorus mysticus‹, mit dem der Uralte den ›Faust‹, das »Hauptgeschäft seines Lebens«, und damit sein Leben selbst in das Unendliche verrauschen läßt. Dazwischen entbreitet sich der ganze Wandel irdischer Fahrt, Sturm und Kühlung des Blutes, rhythmisches Lebendigwerden und marmornes Erstarren des Gedichtes in kristallenen Formen, hinjagende Begeisterung, die allmählich aufschwebt zu schauendem Bedacht – jene ganz hohe Verwandlung, mit der hier ein Mensch das Allmenschliche allen Zeiten vorbildlich gelebt. In solch schicksalhafter Form erscheint die Lyrik Goethes dann nicht bloß als untermalende Begleitmusik seines Lebens mehr, sondern als symphonische Umfassung des ganzen Daseins, tönend geworden in einer einzigen irdischen Brust und uns unvergänglich gegenwärtig durch die verewigende Magie der Kunst.

Stefan Zweig

Die Marienbader Elegie

Goethe zwischen Karlsbad und Weimar
5. September 1823

Am 5. September 1823 rollt ein Reisewagen langsam die Landstraße von Karlsbad gegen Eger zu: der Morgen schauert schon herbstlich kühl, scharfer Wind geht durch die abgeernteten Felder, aber blau spannt sich der Himmel über geweitete Landschaft. In der Kalesche sitzen drei Männer, der großherzoglich sachsen-weimarsche Geheimrat v. Goethe (wie ihn die Kurliste Karlsbad rühmend verzeichnet) und die beiden Getreuen, Stadelmann, der alte Diener, und John, der Sekretär, dessen Hand fast alle Goethe-Werke des neuen Jahrhunderts zum erstenmal geschrieben. Keiner von beiden spricht ein Wort, denn seit der Abfahrt von Karlsbad, wo junge Frauen und Mädchen mit Gruß und Kuß den Scheidenden umdrängten, hat sich die Lippe des alternden Mannes nicht mehr geregt. Unbewegt sitzt er im Wagen, nur der sinnende, in sich gefangene Blick deutet auf innere Bewegung. In der ersten Relaisstation steigt er aus, die beiden Gefährten sehen ihn hastig mit der Bleifeder Worte auf ein zufälliges Blatt schreiben, und das gleiche wiederholt sich auf dem ganzen Wege bis Weimar bei Fahrt und Rast. In Zwotau, kaum angekommen, im Schloß Hartenberg am nächsten Tage, in Eger und dann in Pößneck, überall ist es sein erstes, das im rollenden Gefährt Übersonnene in eilender Schrift zu vermerken. Und das Tagebuch verrät nur lakonisch: »An dem Gedicht redigiert« (6. September), »Sonntag das Gedicht fortgesetzt« (7. September), »das Gedicht abermals unterwegs durchgegangen« (12. September). In Weimar, am Ziele, ist das Werk vollendet; kein geringeres als die ›Marienbader Elegie‹, das bedeutendste, das persönlich intimste und darum von ihm auch geliebteste Gedicht seines Alters, sein heroischer Abschied und sein heldenhafter Neubeginn.

»Tagebuch innerer Zustände« hat Goethe einmal im Gespräch die Gedichte genannt, und vielleicht kein Blatt seines Lebenstagebuches liegt so offen, so klar in Ursprung und Entstehung vor uns wie dies tragisch fragende, tragisch klagende Dokument seines innersten Gefühls: kein lyrischer Erguß seiner Jünglingsjahre ist so unmittelbar aus Anlaß und Geschehnis entsprungen, kein Werk können wir dermaßen Zug um Zug, Strophe um Strophe, Stunde um Stunde sich bilden sehen wie dies »wundersame Lied, das und bereitet«, dieses tiefste, reifste, wahrhaft herbstlich erglühende Spätlingsgedicht des Vierundsiebzigjährigen. »Produkt eines höchst leidenschaftlichen Zustandes«, wie er es Eckermann gegenüber nannte, vereint es gleichzeitig erhabenste Bändigung der Form: so wird offenbar und geheimnisvoll zugleich feurigster Lebensaugenblick in Gestaltung verwandelt. Noch heute, nach mehr als hundert Jahren, ist nichts welk und abgedunkelt an diesem herrlichen Blatt seines weitverzweigten rauschenden Lebens, und noch Jahrhunderte bewahrt sich dieser 5. September denkwürdig im Gedächtnis und Gefühl kommenden deutschen Geschlechts.

Über diesem Blatt, diesem Gedicht, diesem Menschen, dieser Stunde steht strahlend der seltene Stern der Neugeburt. Im Februar 1822 hatte Goethe schwerste Krankheit zu überstehen, heftige Fieberschauer durchschütteln den Körper, zu manchen Stunden ist das Bewußtsein schon verloren, und er selbst scheint es nicht minder. Die Ärzte, die kein deutliches Symptom erkennen und nur die

Gefahr spüren, sind ratlos. Aber plötzlich, wie sie gekommen, entschwindet die Krankheit: im Juni geht Goethe nach Marienbad, ein vollkommen Verwandelter, denn fast hat es den Anschein, als ob jener Anfall nur Symptom einer inneren Verjüngung, einer »neuen Pubertät« gewesen wäre; der verschlossene, verhärtete, pedantische Mann, in dem das Dichterische fast ganz zu Gelehrsamkeit verkrustet war, gehorcht seit Jahrzehnten wieder nur noch ganz dem Gefühl. Musik »faltet ihn auseinander«, wie er sagt, kaum kann er Klavier spielen und besonders von einer so schönen Frau wie die Szymanowska spielen hören, ohne daß seine Augen in Tränen stehen; er sucht aus tiefstem Triebe Jugend auf, und staunend sehen die Genossen den Vierundsiebzigjährigen bis Mitternacht mit Frauen schwärmen, sehen ihn, wie er seit Jahren wieder zum Tanz antritt, wobei ihm, wie er stolz erzählt, »beim Damenwechsel die meisten hübschen Kinder in die Hand kamen.« Sein starres Wesen ist magisch aufgeschmolzen in diesem Sommer, und aufgetan, wie seine Seele nun ist, verfällt sie dem alten Zauber, der ewigen Magie. Das Tagebuch vermeldet verräterisch »konziliante Träume«, der »alte Werther« wird wieder in ihm wach: Frauennähe begeistert ihn zu kleinen Gedichten, zu scherzhaften Spielen und Neckereien, wie er sie vor einem halben Jahrhundert mit Lili Schönemann geübt. Noch schwankt unsicher die Wahl dem Weiblichen zu: erst ist es die schöne Polin, dann aber die neunzehnjährige Ulrike von Levetzow, der sein genesenes Gefühl entgegenschlägt. Vor fünfzehn Jahren hat er ihre Mutter geliebt und verehrt, und vor einem Jahre noch »das Töcherlein« bloß väterlich geneckt, nun aber wächst Neigung jäh zur Leidenschaft, nun eine andere Krankheit, sein ganzes Wesen ergreifend, tiefer ihn aufrüttelnd in der vulkanischen Welt des Gefühls als seit Jahren ein Erlebnis. Wie ein

Knabe schwärmt der Vierundsiebzigjährige: kaum daß er die lachende Stimme auf der Promenade hört, läßt er die Arbeit und eilt ohne Hut und Stock zu dem heiteren Kinde hinab. Aber er wirbt auch wie ein Jüngling, wie ein Mann: das groteske Schauspiel, leicht satyrhaft im Tragischen, tut sich auf. Nachdem er mit dem Arzt geheim beraten, offenbart Goethe sich dem ältesten seiner Gefährten, dem Großherzog, mit der Bitte, er möchte für ihn bei Frau Levetzow um die Hand ihrer Tochter Ulrike werben. Und der Großherzog, gedenkend mancher tollen gemeinsamen Weibernacht vor fünfzig Jahren, vielleicht still und schadenfroh lächelnd über den Mann, den Deutschland, den Europa als den Weisesten der Weisen, den reifsten und abgeklärtesten Geist des Jahrhunderts verehrt – der Großherzog legt feierlich Stern und Orden an und geht für den Vierundsiebzigjährigen die Hand des neunzehnjährigen Mädchens von ihrer Mutter erbitten. Über die Antwort ist Genaues nicht bekannt – sie scheint abwartend, hinausschiebend gewesen zu sein. So ist Goethe Werber ohne Gewißheit, beglückt von bloß flüchtigem Kusse, liebgemeinten Worten, indes leidenschaftlicher und leidenschaftlicher das Verlangen ihn durchwogt, noch einmal Jugend in so zarter Gestalt zu besitzen. Noch einmal ringt der ewig Ungeduldige um höchste Gunst des Augenblicks: treulich folgt er von Marienbad der Geliebten nach Karlsbad, auch hier nur Ungewißheit für die Feurigkeit seines Wunsches findend, und mit dem sinkenden Sommer mehrt sich seine Qual. Endlich naht der Abschied, nichts versprechend, weniges verheißend, und als nun der Wagen rollt, fühlt der große Ahnende, daß ein Ungeheures in seinem Leben zu Ende ist. Aber tiefsten Schmerzes ewiger Genosse, ist in verdunkelter Stunde der alte Tröster da: über den Leidenden neigt sich der Genius, und der im Irdischen Trost nicht findet, ruft nach dem

Gott. Noch einmal flieht, wie unzählige Male schon und nun zum letztenmal, Goethe aus dem Erlebnis in die Dichtung, und in wundersamer Dankbarkeit für diese letzte Gnade schreibt der Vierundsiebzigjährige über dies sein Gedicht die Verse seines Tasso, die er vor vierzig Jahren gedichtet, um sie noch einmal staunend zu erleben:

»Und wenn der Mensch in seiner Qual verstummt,
Gab mir ein Gott, zu sagen, was ich leide.«

Sinnend sitzt nun der greise Mann im fortrollenden Wagen, unmutig bewegt von der Ungewißheit innerer Fragen. Noch war Ulrike frühmorgens mit der Schwester beim »tumultuarischen Abschied« zu ihm hingeeilt, noch hatte ihn der jugendliche, der geliebte Mund geküßt, aber war dieser Kuß ein zärtlicher, war er ein töchterlicher? Wird sie ihn lieben können, wird sie ihn nicht vergessen? Und der Sohn, die Schwiegertochter, die unruhig das reiche Erbe erharren, werden sie eine Heirat dulden, die Welt, wird sie seiner nicht spotten? Wird er im nächsten Jahre ihr nicht weggealtert sein? Und wenn er sie sieht, was darf er vom Wiedersehen erhoffen?

Unruhig wogen die Fragen. Und plötzlich formt sich eine, die wesentlichste, zur Zeile, zur Strophe – die Frage, die Not wird zum Gedicht, der Gott hat ihm gegeben, »zu sagen, was ich leide«. Unmittelbar, nackt geradezu, stößt sich der Schrei hinein in das Gedicht, gewaltiger Anschwung innerer Bewegung:

»Was soll ich nun vom Wiedersehen hoffen,
Von dieses Tages noch geschloßner Blüte?
Das Paradies, die Hölle steht dir offen;
Wie wankelsinnig regt sich's im Gemüte! –«

Und nun strömt der Schmerz in kristallene Strophen, wunderbar von der eigenen Wirrnis gereinigt. Und wie der Dichter seines inneren Zustandes chaotische Not, die »schwüle Atmosphäre« durchirrt, hebt sich ihm zufällig der Blick. Aus dem rollenden Wagen sieht er morgendlich still die böhmische Landschaft, göttlichen Frieden gegen seine Unruhe gestellt, und schon fließt das eben erst geschaute Bildnis über sein Gedicht:

»Ist denn die Welt nicht übrig? Felsenwände,
Sind sie nicht mehr gekrönt von heiligen Schatten?
Die Ernte, reift sie nicht? Ein grün Gelände,
Zieht sich's nicht hin am Fluß durch Busch und Matten?
Und wölbt sich nicht das überweltlich Große,
Gestaltenreiche, bald Gestaltenlose?«

Aber zu unbeseelt ist ihm diese Welt. In solch leidenschaftlicher Sekunde vermag er alles nur in Verbindung mit der Gestalt der Geliebten zu begreifen, und magisch verdichtet sich die Erinnerung zu verklärender Erneuerung:

»Wie leicht und zierlich, klar und zart gewoben
Schwebt, seraphgleich, aus ernster Wolken Chor,
Als glich' es ihr, am blauen Äther droben
Ein schlank Gebild aus lichtem Duft empor;
So sahst du sie in frohem Tanze walten,
Die lieblichste der lieblichen Gestalten.
Doch nur Momente darfst dich unterwinden,
Ein Luftgebild statt ihrer festzuhalten;
Ins Herz zurück! dort wirst du's besser finden,
Dort regt sie sich in wechselnden Gestalten:
Zu Vielen bildet Eine sich hinüber,
So tausendfach, und immer, immer lieber.«

Kaum beschworen, bildet sich aber Ulrikens Bildnis schon sinnlich geformt. Er schildert, wie sie ihn empfing und »stufenweis' beglückte«, wie sie nach dem letzten Kuß ihm noch den »letztesten« auf die Lippen drückte, und selig erinnernder Beglückung dichtet nun in erhabenster Form der alte Meister eine der reinsten Strophen über das Gefühl der Hingabe und Liebe, die jemals die deutsche und irgendeine Sprache geschaffen:

»In unsers Busens Reine wogt ein Streben,
Sich einem Höhern, Reinern, Unbekannten
Aus Dankbarkeit freiwillig hinzugeben,
Enträtselnd sich den ewig Ungenannten;
Wir heißen's: fromm sein! – Solcher seligen Höhe
Fühl ich mich teilhaft, wenn ich vor ihr stehe.«

Aber gerade im Nachgefühl dieses seligsten Zustandes leidet der Verlassene unter der Trennung der Gegenwart, und nun bricht ein Schmerz hervor, der die erhaben elegische Stimmung des großartigen Gedichtes fast zerreißt, eine Offenheit des Empfindens, wie sie nur das spontane Verwandeln eines unmittelbaren Erlebnisses einmal in Jahren verwirklicht. Erschütternd ist diese Klage:

»Nun bin ich fern! Der jetzigen Minute,
Was ziemt denn der? Ich wüßt es nicht zu sagen.
Sie bietet mir zum Schönen manches Gute;
Das lastet nur, ich muß mich ihm entschlagen.
Mich treibt umher ein unbezwinglich Sehnen,
Da bleibt kein Rat als grenzenlose Tränen.«

Dann steigert sich, kaum steigerungsfähig, der letzte, furchtbarste Aufschrei:

»Verlaßt mich hier, getreue Weggenossen,
Laßt mich allein am Fels, in Moor und Moos!
Nur immer zu! euch ist die Welt erschlossen,

Die Erde weit, der Himmel hehr und groß;
Betrachtet, forscht, die Einzelheiten sammelt,
Naturgeheimnis werde nachgestammelt.
Mir ist das All, ich bin mir selbst verloren,
Der ich noch erst den Göttern Liebling war:
Sie prüften mich, verliehen mir Pandoren,
So reich an Gütern, reicher an Gefahr;
Sie drängten mich zum gabeseligen Munde,
Sie trennen mich und – richten mich zu Grunde.«

Nie war dem sonst Verhaltenen eine ähnliche Strophe entklungen. Der sich als Jüngling zu verbergen, als Mann zu enthalten wußte, der sonst fast immer nur in Spiegelbildern, Chiffren und Symbolen sein tiefstes Geheimnis verriet, hier offenbart er als Greis zum erstenmal großartig frei sein Gefühl. Seit fünfzig Jahren war der fühlende Mensch, der große lyrische Dichter in ihm vielleicht nicht lebendiger als auf diesem unvergeßlichen Blatt, an diesem denkwürdigen Wendepunkt seines Lebens.

So geheimnisvoll, als eine seltene Gabe des Schicksals, hat auch Goethe selbst dieses Gedicht empfunden. Kaum nach Weimar heimgekehrt, ist es sein erstes, noch ehe er sich irgendeiner anderen Arbeit oder häuslichen Dingen zuwendet, eine kunstvolle Abschrift der Elegie eigenhändig zu kalligraphieren. Drei Tage schreibt er auf besonders gewähltem Papier mit großen, feierlichen Lettern, wie ein Mönch in seiner Zelle, das Gedicht nieder und birgt es selbst vor den nächsten Hausgenossen, auch vor dem vertrautesten, als Geheimnis. Selbst die Buchbinderarbeit fertigt er, damit geschwätzige Kunde sich nicht voreilig verbreite, und befestigt das Manuskript mit einer seidenen Schnur in einer Decke von rotem Maroquin (die er dann später durch einen blauen, wundervollen Leinwandband ersetzen ließ, der noch heute im Goethe-und-Schiller-Archiv zu sehen ist). Die Tage sind ärgerlich und verdrießlich, sein Heiratsplan hat im Hause nur Hohn gefunden, den Sohn sogar zu Ausbrüchen offenen Hasses verleitet; nur in den eigenen dichterischen Worten kann er bei dem geliebten Wesen weilen. Erst als die schöne Polin, die Szymanowska, wieder zu Besuch kommt, erneuert sich das Gefühl der hellen Marienbader Tage und macht ihn mitteilsam. Am 27. Oktober endlich ruft er Eckermann zu sich herein, und schon an der besonderen Feierlichkeit, mit der er die Verlesung einleitete, verrät sich's, mit welcher besonderen Liebe er an diesem Gedichte gehangen. Der Diener muß zwei Wachslichter auf den Schreibtisch stellen, dann erst wird Eckermann ersucht, vor den Lichtern Platz zu nehmen und die Elegie zu lesen. Nach und nach bekommen sie auch die anderen, aber nur die Vertrautesten, zu Gehör, denn Goethe hütet sie nach Eckermanns Worten »wie ein Heiligtum«. Daß sie besondere Bedeutung für sein Leben besitzt, zeigen schon die nächsten Monate. Dem gesteigerten Wohlbefinden des Verjüngten folgt bald ein Zusammenbruch. Wieder scheint er dem Tode nahe, schleppt sich vom Bett zum Lehnsessel, vom Lehnsessel zum Bett, ohne Ruhe zu finden; die Schwiegertochter ist auf Reisen, der Sohn voll Haß, niemand pflegt oder berät den verlassenen, alten Kranken. Da kommt, offenbar von den Freunden gerufen, Zelter aus Berlin, der Vertrauteste seines Herzens, und erkennt sofort den inneren Brand. »Was finde ich«, schreibt er erstaunt, »einen, der aussieht, als hätte er Liebe, die ganze Liebe mit aller Qual der Jugend im Leibe.« Um ihn zu heilen, liest er ihm immer und immer wieder »mit inniger Teilnahme« das eigene Gedicht vor, und Goethe wird nicht müde, es zu hören. »Es war doch eigen«, schreibt er dann als Genesender, »daß du mich durch dein gefühlvolles, sanftes Organ mehrmals vernehmen ließest, was mir in einem Grade lieb ist, den ich mir selbst nicht gestehen mag.« Und schreibt dann weiter: »Ich darf es nicht aus Händen geben, aber lebten wir zusammen, so müßtest du mir's so lange vorlesen und vorsingen, bis du's auswendig könntest.«

So kommt, wie Zelter sagt, »die Heilung vom Speer, der ihn verwundet hatte«. Goethe rettet sich – man darf es wohl so sagen – durch dieses Gedicht. Endlich ist die Qual überwunden, die letzte tragische Hoffnung besiegt, der Traum von einem ehelichen Leben mit dem geliebten »Töchterchen« zu Ende. Er weiß, er wird niemals mehr nach Marienbad, nach Karlsbad, nie mehr in die heitere Spielwelt der Sorglosen gehen, fortan gehört sein Leben allein noch der Arbeit. Dem Neubeginnen des Schicksals hat der Geprüfte entsagt, dafür tritt ein anderes großes Wort in seinen Lebenskreis, es heißt: vollenden. Ernst wendet er seinen Blick zurück auf sein Werk, das sechzig Jahre umspannt, sieht es zersplittert und verstreut und beschließt, da er nun nicht mehr bauen kann, wenigstens zu sammeln; der Kontrakt für die ›Gesammelten Werke‹ wird abgeschlossen, das Schutzrecht erworben. Noch einmal wirbt seine Liebe, die eben noch um ein neunzehnjähriges Mädchen geirrt, um die beiden ältesten Gefährten seiner Jugend. ›Wilhelm Meister‹ und ›Faust‹. Rüstig geht er zu Werke; aus vergilbten Blättern wird der Plan vergangenen Jahrhunderts erneuert. Ehe er achtzig ist, sind die ›Wanderjahre‹ abgeschlossen, und heroischen Mutes tritt der Einundachtzigjährige an das »Hauptgeschäft« seines Lebens, den ›Faust‹, den er sieben Jahre nach diesen tragischen Schicksalstagen der Elegie vollendet und mit gleich ehrfürchtiger Pietät wie die Elegie noch mit Siegel und Geheimnis vor der Welt verschließt.

Zwischen diesen beiden Sphären des Gefühls, zwischen

letztem Begehren und letztem Entsagen, zwischen Beginnen und Vollenden, steht als Scheitelpunkt, als unvergeßlicher Augenblick innerer Wende, dieser fünfte September, der Abschied von Karlsbad, der Abschied von der Liebe, in Ewigkeit verwandelt durch erschütternde Klage. Wir dürfen ihn denkwürdig nennen, diesen Tag, denn die deutsche Dichtung hat seitdem keine sinnlich großartigere Stunde gehabt als den Überstrom urmächtigsten Gefühls in dies mächtige Gedicht.

Franz Kafka

Aus den Tagebüchern 1910–1914

1910

19. Dezember. [...] Ein wenig Goethes Tagebücher gelesen. Die Ferne hält dieses Leben schon beruhigt fest, diese Tagebücher legen Feuer dran. Die Klarheit aller Vorgänge macht sie geheimnisvoll, so wie ein Parkgitter dem Auge Ruhe gibt, bei Betrachtung weiter Rasenflächen, und uns doch in unebenbürtigen Respekt setzt.

Gerade kommt meine verheiratete Schwester [Elli (Gabriele) Hermann] zum erstenmal zu uns [Kafka lebte bei seinen Eltern] zu Besuch.

20. Dezember. Womit entschuldige ich die gestrige Bemerkung über Goethe (die fast so unwahr ist wie das von ihr beschriebene Gefühl, denn das wirkliche ist von meiner Schwester vertrieben worden)? Mit nichts. [...]

1911

29. September. Goethes Tagebücher. Ein Mensch, der kein Tagebuch hat, ist einem Tagebuch gegenüber in einer falschen Position. Wenn er zum Beispiel in Goethes Tagebüchern liest: »11. 1. 1797. Den ganzen Tag zu Hause mit verschiedenen Anordnungen beschäftigt«, so scheint es ihm, er selbst hätte noch niemals an einem Tag so wenig gemacht.

Reisebetrachtungen Goethes anders als die heutigen, weil sie aus einer Postkutsche gemacht und mit den langsamen Veränderungen des Geländes sich einfacher entwickeln und viel leichter selbst von demjenigen verfolgt werden können, der jene Gegenden nicht kennt. Ein ruhiges, förmlich landschaftliches Denken tritt ein. Da die Gegend unbeschädigt in ihrem eingeborenen Charakter dem Insassen des Wagens sich darbietet und auch die Landstraßen das Land viel natürlicher schneiden als die Eisenbahnstrecken, zu denen sie vielleicht im gleichen Verhältnis stehn wie Flüsse zu Kanälen, so braucht es auch beim Beschauer keiner Gewalttätigkeiten, und er kann ohne große Mühe systematisch sein. Augenblicksbeobachtungen gibt es daher wenige, meist nur in Innenräumen, wo bestimmte Menschen gleich grenzenlos einem vor den Augen aufbrausen, zum Beispiel österreichische Offiziere in Heidelberg, dagegen ist die Stelle von den Männern in Wiesenheim der Landschaft näher, »sie tragen blaue Röcke und mit gewirkten Blumen verzierte weiße Westen« (nach dem Gedächtnis zitiert). Viel über den Rheinfall bei Schaffhausen niedergeschrieben, mitten drin in größeren Buchstaben: »Erregte Ideen.«

[...]

1. Oktober. [...]

Zu Goethe: »Erregte Ideen« sind bloß die Ideen, die der Rheinfall erregt. Man sieht das aus einem Brief an Schiller. – Die vereinzelte Augenblicksbeobachtung »Kastagnettenrhythmus der Kinder in Holzschuhen« hat eine solche Wirkung gemacht, ist so allgemein angenommen, daß es undenkbar ist, daß jemand, wenn er auch diese Bemerkung niemals gelesen hätte, diese Beobachtung als eigene Originalidee fühlen könnte.

[...]

25. Dezember. [...]

Goethe hält durch die Macht seiner Werke die Entwicklung der deutschen Sprache wahrscheinlich zurück. Wenn sich auch die Prosa in der Zwischenzeit öfters von ihm entfernt, so ist sie doch schließlich, wie gerade gegenwärtig, mit verstärkter Sehnsucht zu ihm zurückgekehrt und hat sich selbst alte, bei Goethe vorfindliche, sonst aber mit ihm nicht zusammenhängende Wendungen angeeignet, um sich an dem vervollständigten Anblick ihrer grenzenlosen Abhängigkeit zu erfreuen.

[...]

26. Dezember. [...]

Ein Verzeichnis jener Stellen aus ›Dichtung und Wahrheit‹, die durch eine nicht festzustellende Eigenheit einen besonders starken, mit dem eigentlich Dargestellten nicht wesentlich zusammenhängenden Eindruck des Lebendigen machen, zum Beispiel die Vorstellung des Knaben Goethe hervorrufen, wie er neugierig, reich angezogen, beliebt und lebhaft bei allen Bekannten eindringt, um nur alles zu sehen und zu hören, was zu sehen und zu hören ist. Da ich jetzt das Buch durchblättere, kann ich solche Stellen nicht finden, alle scheinen mir deutlich und enthalten eine durch keinen Zufall zu überbietende Lebendigkeit. Ich muß warten, bis ich einmal harmlos lesen werde, und dann bei den richtigen Stellen mich anhalten.

[...]

29. Dezember. Jene lebendigen Stellen bei Goethe. Seite 265: »Ich zog daher meinen Freund in die Wälder.«

Goethe, 307: »Ich hörte nun in diesen Stunden gar kein anderes Gespräch als von Medizin oder Naturhistorie und meine Einbildungskraft wurde in ein ganz anderes Feld hinübergezogen.«

[...]

31. Dezember. [...]

So vergeht mir der regnerische, stille Sonntag, ich sitze im Schlafzimmer und habe Ruhe, aber statt mich zum Schreiben zu entschließen, in das ich zum Beispiel vorgestern mich hätte ergießen wollen mit allem, was ich bin, habe ich jetzt eine ganze Weile lang meine Finger angestarrt. Ich glaube, diese Woche ganz und gar von Goethe beeinflußt gewesen zu sein, die Kraft dieses Einflusses eben erschöpft zu haben und daher nutzlos geworden zu sein.

1912

31. Januar. Nichts geschrieben. Weltsch bringt mir Bücher über Goethe, die mir eine zerstreute, nirgends anwendbare Aufregung verursachen. Plan eines Aufsatzes ›Goethes entsetzliches Wesen‹, Furcht vor dem zweistündigen Abendspaziergang, den ich jetzt für mich eingeführt habe.

5. Februar. Montag. Müde auch das Lesen von ›Dichtung und Wahrheit‹ aufgegeben. Ich bin hart nach außen, kalt im Innern. Als ich heute zu Dr. F. kam, war es, trotzdem wir langsam und überlegt zusammenkamen, als wären wir wie Bälle zusammengestoßen, die einer den andern zurückwerfen und selbst ohne Beherrschung sich verlieren. Ich fragte ihn, ob er müde sei. Er war nicht müde. Warum ich fragte? Ich bin müde, antwortete ich und setzte mich.

[...]

Goethes schöne Silhouette in ganzer Gestalt. Nebeneindruck des Widerlichen beim Anblick dieses vollkommenen menschlichen Körpers, da ein Übersteigen dieser Stufe außerhalb der Vorstellbarkeit ist und diese Stufe doch nur zusammengesetzt und zufällig aussieht. Die aufrechte Haltung, die hängenden Arme, der schmale Hals, die Kniebeugung.

[...]

8. Februar. Goethe: Meine Lust am Hervorbringen war grenzenlos.

[...]

13. Februar. Ich beginne für die Conférence zu Löwys Vorträgen zu schreiben. Sie ist schon Sonntag, den achtzehnten. Ich werde nicht mehr viel Zeit haben, mich vorzubereiten, und stimme doch hier ein Rezitativ an wie in der Oper. Nur deshalb, weil schon seit Tagen eine ununterbrochene Aufregung mich bedrängt und ich vor dem eigentlichen Beginn halbwegs zurückgezogen ein paar Worte nur für mich hinschreiben will, um dann erst, ein wenig in Gang gebracht, vor die Öffentlichkeit mich hinzustellen. Kälte und Hitze wechselt in mir mit dem wechselnden Wort innerhalb des Satzes, ich träume melodischen Aufschwung und Fall, ich lese Sätze Goethes, als liefe ich mit ganzem Körper die Betonungen ab.

[...]

17. März. [..]

Goethe, Trost im Schmerz. Alles geben die Götter, die unendlichen ihren Lieblingen ganz: Alle Freuden, die unendlichen, alle Schmerzen, die unendlichen, ganz. – Meine Unfähigkeit gegenüber meiner Mutter, gegenüber Fräulein Taussig und gegenüber allen dann im ›Continental‹ und später auf der Gasse.

Samstag, 29. Juni. [...]

Abfahrt nach Weimar fünf Uhr. Das ältere Fräulein im Coupé.

Dunkle Haut. Schöne Rundungen an Kinn und Wangen. Wie sich die Nähte der Strümpfe um ihre Beine drehten, sie hatte das Gesicht mit der Zeitung verdeckt und wir sahen die Beine an. Weimar. Auch sie steigt dort aus, nachdem sie einen großen alten Hut angezogen hatte. Ich sah sie später einmal, als ich vom Marktplatz aus das Goethehaus beobachtete. Langer Weg zum Hotel Chemnitius. Fast den Mut verloren. Suchen der Badeanstalten. Dreiteilige Appartements, die man uns anweist. Max soll in einem Loch mit einer Luke schlafen. Freibad am Kirschberg. Schwanensee. Gang in der Nacht zum Goethehaus. Sofortiges Erkennen. Gelbbraune Farbe des Ganzen. Fühlbare Beteiligung unseres ganzen Vorlebens an dem augenblicklichen Eindruck. Das Dunkel der Fenster der unbewohnten Zimmer. Die helle Junobüste. Anrühren der Mauer. Ein wenig herabgelassene weiße Rouleaux in allen Zimmern. Vierzehn Gassenfenster. Die vorgehängte Kette. Kein Bild gibt das Ganze wieder. Der unebene Platz, der Brunnen, die dem ansteigenden Platz folgende gebrochene Baulinie des Hauses. Die dunklen, etwas länglichen Fenster in das Braungelbe eingelegt. Das auch an und für sich auffallendste bürgerliche Wohnhaus in Weimar.

Sonntag, 30. Vormittag. Schillerhaus. Verwachsene Frau, die vortritt und mit ein paar Worten, hauptsächlich durch die Tonart, das Vorhandensein dieser Andenken entschuldigt. Auf der Treppe Klio als Tagebuchführerin. Bild der hundertjährigen Geburtstagsfeier 10. November 1859, das ausgeschmückte, verbreiterte Haus. Italienische Ansichten, Bellagio, Geschenke Goethes. Nicht mehr menschliche Haarlocken, gelb und trocken wie Grannen. Maria Pawlowna, zarter Hals, Gesicht nicht breiter, große Augen. Die verschiedensten Schillerköpfe. Gute Anlage einer Schriftstellerwohnung. Wartezimmer, Empfangszimmer, Schreibzimmer, Schlafalkoven. Frau Junot, seine Tochter, ihm ähnlich. ›Baumzucht im Großen nach Erfahrungen im Kleinen‹, Buch seines Vaters.

Goethehaus. Repräsentationsräume. Flüchtiger Anblick des Schreib- und Schlafzimmers. Trauriger, an tote Großväter erinnernder Anblick. Dieser seit Goethes Tod fortwährend wachsende Garten. Die sein Arbeitszimmer verdunkelnde Buche.

Schon als wir im Treppenhaus unten saßen, lief sie mit ihrer kleinen Schwester an uns vorüber. Der Gipsabguß eines Windspiels, der unten im Treppenhaus steht, gehört in meiner Erinnerung mit zu diesem Laufen. Dann sahn wir sie wieder im Junozimmer, dann beim Anblick aus dem Gartenzimmer. Ihre Schritte und ihre Stimme glaubte ich noch öfters zu hören. Zwei Nelken durch das Balkongeländer gereicht. Zu später Eintritt in den Garten. Man sieht sie oben auf einem Balkon. Sie kommt herunter, später erst, mit einem jungen Mann. Ich danke im Vorübergehn dafür, daß sie uns auf den Garten aufmerksam gemacht hat. Wir gehn aber noch nicht weg. Die Mutter kommt, es entsteht Verkehr im Garten. Sie steht bei einem Rosenstrauch. Ich gehe, von Max gestoßen, hin, erfahre von dem Ausflug nach Tiefurt. Ich werde auch hingehn. Sie geht mit ihren Eltern. Sie nennt ein Gasthaus, von dem aus man die Tür des Goethehauses beobachten kann. Gasthaus zum Schwan. Wir sitzen zwischen Efeugestellen. Sie tritt aus der Haustür. Ich laufe hin, stelle mich allen vor, bekomme die Erlaubnis, mitzugehn, und laufe wieder zurück. Später kommt die Familie ohne Vater. Ich will mich anschließen, nein, sie gehn erst zum Kaffee, ich soll mit dem Vater nachkommen. Sie sagt, ich soll um vier ins Haus hineingehn. Ich hole den Vater, nach Abschied von Max. Gespräch mit dem Kutscher vor dem Tor. Weg mit dem Vater. Gespräch über Schlesien, Großherzog, Goethe, Nationalmuseum, Photographien und Zeichnen und das nervöse Zeitalter. Halt vor dem Haus, wo sie Kaffee trinken. Er läuft hinauf, um alle zum Erkerfenster zu rufen, weil er photographieren wird. Aus Nervosität mit einem kleinen Mädchen Ball gespielt. Weg mit den Männern, vor uns die zwei Frauen, vor ihnen die drei Mädchen. Ein kleiner Hund läuft zwischen uns hin und her. Schloß in Tiefurt. Besichtigung mit den drei Mädchen. Sie hat vieles von den Sachen auch im Goethehaus und besser. Erklärungen vor den Werther-Bildern. Zimmer des Fräuleins von Göchhausen. Die zugemauerte Tür. Der nachgemachte Pudel. Dann Aufbruch mit den Eltern. Zweimaliges Photographieren im Park. Eines auf einer Brücke, das nicht gelingen will. Endlich auf dem Rückweg endgültiger Anschluß ohne rechte Beziehung. Regen. Die Erzählungen von Breslauer Karnevalsscherzen beim Archiv. Abschied vor dem Haus. Mein Herumstehn in der Seifengasse. Max hat inzwischen geschlafen. Abend dreimaliges unverständliches Treffen. Sie mit ihrer Freundin. Zum ersten Mal begleiten wir sie. Ich kann abends nach sechs immer in den Garten kommen. Jetzt muß sie nach Hause. Dann wieder Zusammentreffen auf dem für ein Duell vorbereiteten Rundplatz. Sie sprechen mit einem jungen Mann mehr feindlich als freundlich. Warum sind sie aber nicht schon zu Hause geblieben, da wir sie doch bis auf den Gotheplatz begleitet hatten? Sie hatten doch eiligst nach Hause müssen. Warum rannten sie aber jetzt, offenbar ohne überhaupt zu Hause gewesen zu sein, von dem jungen Mann verfolgt oder um ihm zu begegnen, aus der Schillerstraße heraus, die kleine Treppe hinab, auf den abseits gelegenen Platz? Warum drehten sie sich dort, nachdem sie auf zehn Schritte Entfernung mit dem jungen Mann ein paar

Worte gesprochen und scheinbar seine Begleitung abgelehnt hatten, wieder um und liefen allein zurück? Hatten wir sie gestört, die wir nun mit einfachem Gruß vorübergegangen waren? Später gingen wir langsam zurück; als wir auf den Goetheplatz kamen, liefen sie uns schon wieder aus einer andern Gasse, offenbar sehr erschreckt, fast in die Hände. Wir drehten uns aus Schonung um. Aber sie hatten also schon wieder einen Umweg gemacht.

Montag 1. Juli. Gartenhaus am Stern. Im Gras davor gezeichnet. Den Vers auf dem Ruhesitz auswendig gelernt. Kofferbett. Schlaf. Papagei im Hof, der »Grete« ruft. Nutzlos in die Erfurter Allee gegangen, wo sie nähen lernt. Baden.

Dienstag 2. Juli. Goethehaus. Mansarden. Beim Hausmeister die Photographien angesehn. Herumstehende Kinder. Photographiegespräche. Fortwährendes Aufpassen auf eine Gelegenheit, mit ihr zu sprechen. Sie geht ins Nähen mit einer Freundin. Wir bleiben zurück.

Nachmittag Liszthaus. Virtuosenhaft. Die alte Pauline. Liszt von fünf bis acht gearbeitet, dann Kirche, dann zweiter Schlaf, von elf an Besuche. Max im Bad, ich hole die Photographien, treffe sie vorher, komme mit ihr vors Tor. Der Vater zeigt mir die Bilder, ich bringe Photographieständer, endlich muß ich doch gehn. Sie lächelt mir sinnlos nutzlos hinter dem Rücken des Vaters zu. Traurig. Einfall, die Photographien vergrößern zu lassen. In die Drogerie. Wieder zurück ins Goethehaus wegen des Negativs. Sie sieht mich vom Fenster aus und öffnet. – Vielfaches Treffen der Grete. Beim Erdbeeressen, vor Werthers Garten, wo ein Konzert ist. Ihre Beweglichkeit des Körpers im losen Kleid. Die großen Offiziere, die aus dem ›Russischen Hof‹ kommen. Vielerlei Uniformen. Die

Schlanken, Starken in den dunklen Kleidern. – Die Rauferei in der entlegenen Gasse. »Du mußt schon der schönste Dreckorsch sein!« Die Leute an den Fenstern. Die abgehende Familie, ein Betrunkener, eine alte Frau mit Rükkenkorb und zwei Burschen als Anhängsel.

Daß ich bald wegfahren muß, drückt mich in der Kehle. Entdeckung von ›Tivoli.‹ Tische an der Wand heißen »Seitenbalkon.« Die alte Schlangendame, ihr Mann, der als Zauberer dient. Die weiblichen Deutschmeister.

Mittwoch 3. Juli. Goethehaus. Es soll im Garten photographiert werden. Sie ist nicht zu sehn, ich darf sie dann holen. Sie ist immer ganz zittrig von Bewegung, bewegt sich aber erst, wenn man zu ihr spricht. Es wird photographiert. Wir zwei auf der Bank. Max zeigt dem Mann, wie es zu machen ist. Sie gibt mir ein Rendezvous für den nächsten Tag. Öttingen schaut durchs Fenster und verbietet Max und mir, die wir gerade allein beim Apparat stehn, das Photographieren. Wir photographieren doch nicht! Damals war die Mutter noch freundlich.

Abgesehen von den Schulen und den Nichtzahlenden kommen dreißigtausend Menschen im Jahr. – Bad. Ernste, ruhige Ringkämpfe der Kinder.

Großherzogliche Bibliothek am Nachmittag. Trippel-Büste. Das Lob des Führers. Der immer zu erkennende Großherzog. Massives Kinn und starke Lippen, Hand im zugeknöpften Rock. Goethebüste von David [d'Angers] mit nach hinten gesträubtem Haar und großem, gespanntem Gesicht. Die durch Goethe vorgenommene Umwandlung eines Palais in eine Bibliothek. Büsten von Passow (hübscher, kraushaariger Junge), Zacharias Werner, schmales, prüfendes, vordringendes Gesicht. Gluck. Abgegossen vom Leben. Die Löcher im Mund von den Röhren, durch die er geatmet hat. Goethes Arbeitszimmer. Durch eine Tür tritt man gleich in den Garten der Frau von Stein. Die von einem Sträfling aus einer Rieseneiche ohne einen einzigen Nagel gearbeitete Treppe.

Spaziergang im Park mit dem Zimmermannssohn Fritz Wenski. Seine ernsten Reden. Er schlägt dabei mit einem Zweig in die Büsche. Er wird auch Zimmermann werden und wandern. Jetzt wandert man nicht mehr so wie zu seines Vaters Zeiten, die Eisenbahn verwöhnt. Um Fremdenführer zu werden, müßte man Sprachen kennen, also entweder sie in der Schule lernen oder solche Bücher kaufen. Was er vom Park weiß, hat er entweder in der Schule gelernt oder von Führern gehört. Auffallende Führerbemerkungen, die zu dem sonstigen nicht passen, zum Beispiel über das römische Haus nichts als: Die Tür war für die Lieferanten bestimmt.

Borkenhäuschen. Shakespeare-Denkmal. Kinder um mich auf dem Karlsplatz. Gespräche über die Marine. Der Ernst der Kinder. Besprechung von Schiffsuntergängen. Überlegenheit der Kinder. Versprechen eines Balles. Verteilung der Kekse. Gartenkonzert ›Carmen‹. Ganz durchdrungen davon.

Donnerstag 4. Juli. Goethehaus. Bestätigung des versprochenen Rendezvous mit lautem Ja. Sie sah aus dem Tor. Falsche Erklärung dessen, denn auch während unserer Anwesenheit sah sie hinaus. Ich fragte noch einmal: »Auch bei Regen?« – »Ja.«

Max fährt nach Jena zu Diederichs. Ich Fürstengruft. Mit den Offizieren. Über Goethes Sarg goldner Lorbeerkranz, gestiftet von den deutschen Frauen Prags 1882. Alle auf dem Friedhof wiedergefunden. Grab der Goetheschen Familie. Walter von Goethe geb. Weimar 9. April 1818, gest. Leipzig 15. April 1885, »mit ihm erlosch Goethes Geschlecht, dessen Name alle Zeiten überdauert«, Grabinschrift der Frau Karoline Falk: »Während Gott ihr sieben der eigenen Kinder nahm, wurde sie fremden Kindern eine Mutter. Gott wird abwischen alle Tränen von ihren Augen.« Charlotte von Stein: 1742–1827.

Bad. Nachmittag nicht geschlafen, um das unsichere Wetter nicht aus den Augen zu lassen. Sie kam nicht zum Rendezvous.

Treffe Max angekleidet im Bett. Beide unglücklich. Wenn man das Leid aus dem Fenster schütten könnte.

Abend Hiller mit seiner Mutter. – Ich laufe vom Tisch weg, weil ich sie zu sehen glaubte. Täuschung. Dann alle vors Goethehaus. Sie gegrüßt.

Freitag 5. Juli. Vergeblicher Gang zum Goethehaus. – Goethe-Schiller-Archiv. Briefe von Lenz. Brief der Frankfurter Bürger an Goethe 28. August 1830:

»Einige Bürger der alten Maynstadt, seit langem hier gewöhnt, den 28. August mit dem Becher in der Faust zu begrüßen, würden die Gunst des Himmels preisen, könnten sie den seltenen Frankfurter, den dieser Tag gebracht, im Weichbild der Freistadt selbst willkommen heißen.

Weil es aber von Jahr zu Jahr bei Hoffen und Harren und Wünschen bleibt, so reichen sie einstweilen über Wälder und Fluren, Marken und Mauten den schimmernden Pokal nach der glücklichen Ilmstadt hinüber und bitten ihren verehrten Landsmann um die Gunst, in Gedanken mit ihm anstoßen und singen zu dürfen:

Willst du Absolution
Deinen Treuen geben,
Wollen wir nach deinem Wink
Unabläßlich streben,
Uns vom Halben zu entwöhnen
und im Ganzen Guten Schönen
resolut zu leben.«

1757 »Erhabene Großmama!...«

Jerusalem an Kestner: »Dürfte ich Ew. Wohlgeboren wohl zu einer vorhabenden Reise um Ihre Pistolen gehorsamst ersuchen?« Lied der Mignon, ohne einen Strich. –

Photographien geholt. Hingebracht. Nutzlos herumgestanden, nur drei Photographien von den sechs abgegeben. Und gerade die schlechtern, in der Hoffnung, daß der Hausmeister, um sich zu rechtfertigen, von neuem photographieren wird. Keine Spur.

Bad. Direkt von dort in die Erfurter Straße. Max zum Mittagsmahl. Sie kommt mit zwei Freundinnen. Ich greife sie heraus. Ja, sie mußte gestern zehn Minuten früher weggehn, hat erst jetzt von ihren Freundinnen von meinem gestrigen Warten erfahren. Sie hatte auch Ärger wegen der Tanzstunden. Sie liebt mich sicher nicht, einigen Respekt aber hat sie. Ich gebe ihr die mit dem Herzchen und der Kette umwundene Schokoladenschachtel und begleite sie ein Stück. Ein paar Worte hin und her über ein Rendezvous. Morgen um elf vor dem Goethehaus. Das kann nur eine Ausrede sein, sie muß ja kochen und dann: vor dem Goethehaus! aber ich nehme es doch an. Traurige Annahme. Gehe ins Hotel, sitze ein Weilchen bei Max, der im Bett liegt.

Nachmittag Ausflug nach Belvedere. Hiller und Mutter. Schöne Fahrt im Wagen durch eine einzige Allee. Überraschende Anordnung des Schlosses, das aus einem Hauptteil und vier seitlich angeordneten Häuschen besteht, alles niedrig und zart gefärbt. Ein niedriger Springbrunnen in der Mitte. Blick vorwärts nach Weimar. Der Großherzog war schon seit einigen Jahren nicht hier. Er ist Jäger und hier ist keine Jagd. Der ruhige entgegenkommende Bediente mit glattrasiertem eckigem Gesicht. Traurig wie vielleicht alles Volk, das sich unter Herrschaften bewegt. Trauer der Haustiere. Maria Pawlowna,

Schwiegertochter des Großherzogs Karl August, Tochter der Maria Fedorowna und des Kaisers Paul, der erdrosselt wurde. Viel Russisches. Cloisone, Kupfergefäße mit aufgehämmerten Drähten, zwischen die das Email gegossen wird. Die Schlafzimmer mit Himmelskuppel. Photographien in den noch bewohnbaren Zimmern die einzige Modernisierung. Wie sie sich unbeobachtet auch einordnen werden! Zimmer Goethes, ein unteres Eckzimmer. Einige Deckenbilder Oesers, bis zur Unkenntlichkeit aufgefrischt. Viel Chinesisches. Das »dunkle Kammerfrauenzimmer«. Das Naturtheater mit den zwei Zuschauerreihen. Der aus mit den Lehnen aneinandergestellten Bänken bestehende Wagen, dos à dos, in dem die Damen saßen, während die begleitenden Kavaliere neben ihnen ritten. Der schwere Wagen, in dem Maria Pawlowna mit ihrem Mann in sechsundzwanzig Tagen dreispännig von Petersburg nach Weimar auf der Hochzeitsreise fuhr. Naturtheater und Park von Goethe eingerichtet.

Abend zu Paul Ernst. Auf der Gasse zwei Mädchen nach der Wohnung des Schriftstellers Paul Ernst gefragt. Sie schauen uns zuerst nachdenklich an, dann stößt eine die andere, als wolle sie sie an einen Namen erinnern, der ihr gerade nicht einfällt. Meinen Sie Wildenbruch? fragt uns dann die andere. – Paul Ernst. Über den Mund gehender Schnurrbart und Spitzbart. Hält sich am Sessel fest oder an den Knien, obwohl er auch bei Erregung (wegen seiner Kritiker) nicht losgeht. Wohnt am Horn. Eine Villa, scheinbar ganz mit seiner Familie angefüllt. Eine Schüssel stark riechender Fische, welche die Treppe hinaufgetragen werden sollte, wird bei unserem Anblick wieder in die Küche zurückgebracht. – Eintritt des Paters Expeditus Schmitt, mit dem ich schon einmal auf der Hoteltreppe zusammengestoßen bin. Arbeitet im Archiv an einer Otto-Ludwig-Ausgabe. Will Nargileh ins Archiv einführen. Schimpft eine Zeitung »fromme Giftkröte«, weil sie die von ihm herausgegebenen »Heiligenlegenden« angegriffen hat.

Samstag 6. Juli. – Zu Johannes Schlaf. Alte, ihm ähnliche Schwester empfängt uns. Er ist nicht zu Hause. Wir kommen abends wieder.

Einstündiger Spaziergang mit Grete. Sie kommt scheinbar im Einverständnis mit ihrer Mutter, mit der sie noch von der Gasse aus durchs Fenster spricht. Rosa Kleid, mein Herzchen. Unruhe wegen des großen Balles am Abend. Ohne jede Beziehung zu ihr gewesen. Abgerissenes, immer wieder angefangenes Gespräch. Einmal besonders rasches, dann wieder besonders langsames Gehen. Anstrengung, um keinen Preis deutlich werden zu lassen, wie wir mit keinem Fädchen zusammenhängen. Was treibt uns gemeinsam durch den Park? Nur mein Trotz?

Gegen Abend bei Schlaf. Vorher Besuch bei Grete. Sie steht vor der ein wenig geöffneten Küchentür in dem lange vorher gepriesenen Ballkleid, das gar nicht so schön ist wie ihr gewöhnliches.

Schwer verweinte Augen, offenbar wegen ihres Haupttänzers, der ihr schon überhaupt viel Sorgen gemacht hat. Ich verabschiede mich für immer. Sie weiß es nicht, und wenn sie es wüßte, läge ihr auch nichts daran. Ein Weib, das Rosen bringt, stört noch den kleinen Abschied. Auf den Gassen von allen Seiten Tanzstundenherren und -damen.

[...]

1914

5. Januar. Nachmittag. Goethes Vater ist in Verblödung gestorben. Zur Zeit seiner letzten Krankheit arbeitete Goethe an der ›Iphigenie‹.

»Schaff das Mensch nach Hause, es ist besoffen«, sagt irgendein Hofbeamter zu Goethe über Christiane.

Der wie seine Mutter saufende August, der sich mit Frauenzimmern in gemeiner Weise herumtreibt.

Die ungeliebte Ottilie, die ihm aus gesellschaftlichen Rücksichten vom Vater als Frau diktiert wird.

Wolf, der Diplomat und Schriftsteller.

Walter, der Musiker, kann nicht die Prüfungen machen. Zieht sich für Monate ins Gartenhaus zurück; als die Zarin ihn sehen will:

»Sagen Sie der Zarin, daß ich kein wildes Tier bin.«

»Meine Gesundheit ist mehr von Blei als von Eisen.«

Kleinliche ergebnislose schriftstellerische Arbeit des Wolf.

Greisenhafte Gesellschaft in den Mansardenzimmern. Die achtzigjährige Ottilie, der fünfzigjährige Wolf und die alten Bekannten.

Erst an solchen Extremen merkt man, wie jeder Mensch unrettbar an sich selbst verloren ist, und nur die Betrachtung der andern und des in ihnen und überall herrschenden Gesetzes kann trösten. Wie ist Wolf von außen aus lenkbar oder dorthin zu versetzen, zu erheitern, zu ermutigen, zu systematischer Arbeit zu bringen – und wie ist er innerlich gehalten und unbeweglich.

[...]

Bibliographischer Nachweis

Sigmund Freud, *Eine Kindheitserinnerung aus ›Dichtung und Wahrheit‹.* Erstmals in ›Imago. Zeitschrift für Anwendung der Psychoanalyse auf die Geisteswissenschaften‹. Bd. 5 (2), Wien 1917. Aufgenommen in ›Sammlung kleiner Schriften zur Neurosenlehre‹, Bd. 4, Wien 1918, und in ›Gesammelte Schriften‹, Bd. 10, Wien 1924 sowie in ›Gesammelte Werke‹, Bd. 12, London 1947.

Sigmund Freud, *Ansprache im Frankfurter Goethe-Haus.* Erstmals in ›Psychoanalytische Bewegung‹, Bd. 2 (5), (September-Oktober), Wien 1930. Aufgenommen in ›Gesammelte Schriften‹, Bd. 12, Wien 1934, und in ›Gesammelte Werke‹, Bd. 14, London 1948.

Hugo von Hofmannsthal, *Die Briefe des jungen Goethe. An den Schiffsleutnant E. K.* Erstmals in ›Die Neue Rundschau‹, 15. Jg., H. 10, Berlin, Oktober 1904, und in ›Frankfurter Zeitung‹, 28. 9. 1904. Aufgenommen in ›Die prosaischen Schriften, Zweiter Band‹, Berlin 1907, und in ›Gesammelte Werke in Einzelausgaben‹, herausgegeben von Herbert Steiner, Band ›Prosa II‹, Frankfurt am Main 1951.

Hugo von Hofmannsthal, *Unterhaltung über den ›Tasso‹ von Goethe.* Erstmals in ›Der Tag‹, Berlin, 15. 7. 1906. Aufgenommen in ›Die prosaischen Schriften, Zweiter Band‹, Berlin 1907, und in ›Gesammelte Werke in Einzelausgaben‹, herausgegeben von Herbert Steiner, Band ›Prosa II‹, Frankfurt am Main 1951.

Hugo von Hofmannsthal, *›Wilhelm Meister‹ in der Urform.* Erstmals in ›Neue Freie Presse‹, Wien, 24. 12. 1911. Aufgenommen in ›Die Berührung der Sphären‹, Berlin 1931, und in ›Gesammelte Werke in Einzelausgaben‹, herausgegeben von Herbert Steiner, Band ›Prosa III‹, Frankfurt am Main 1952.

Hugo von Hofmannsthal, *Goethes ›West-östlicher Divan‹.* Erstmals in ›Neue Freie Presse‹, Wien, 25. 12. 1913. Aufgenommen in ›Rodauner Nachträge, Dritter Teil‹, Wien 1918, und in ›Gesammelte Werke in Einzelausgaben‹, herausgegeben von Herbert Steiner, Band ›Prosa III‹, Frankfurt am Main 1952.

Thomas Mann, *Ansprache im Goethejahr.* Gehalten am 25. Juli 1949 in der Paulskirche zu Frankfurt am Main. Erstmals gleichzeitig in ›Neue Zeitung‹, München, ›Frankfurter Neue Presse‹, ›Frankfurter Rundschau‹, 26. 7. 1949. Erste Buchausgabe: Frankfurt am Main 1949. Aufgenommen unter dem Titel ›Frankfurter Ansprache im Goethejahr‹ in ›Altes und Neues. Kleine Prosa aus fünf Jahrzehnten‹, Frankfurt am Main 1953 (= Stockholmer Gesamtausgabe der Werke von Thomas Mann), und unter dem Titel ›Ansprache im Goethejahr‹, in ›Gesammelte Werke in zwölf Bänden‹, Bd. XI, Frankfurt am Main 1960.

Stefan Zweig, *Zu Goethes Gedichten.* Vorrede zu meiner Auswahl von Goethes Gedichten im Verlag von Philipp Reclam jun. Erstmals in ›Goethes Gedichte. Eine Auswahl‹, Leipzig 1927. Aufgenommen in ›Begegnungen mit Menschen, Büchern, Städten‹, Wien – Leipzig – Zürich 1937; Frankfurt am Main 1955.

Stefan Zweig, *Die Marienbader Elegie. Goethe zwischen Karlsbad und Weimar. 5. September 1823.* Erstmals in ›Sternstunden der Menschheit. Fünf historische Miniaturen‹, Leipzig 1927. Aufgenommen in ›Sternstunden der Menschheit. Zwölf historische Miniaturen‹, Stockholm 1945; Wien 1950; Frankfurt am Main 1951.

Franz Kafka, *Aus den Tagebüchern 1910–1914*. Erste Buchveröffentlichung: ›Tagebücher 1910–1923‹, Frankfurt am Main 1951 (= Gesammelte Werke. Herausgegeben von Max Brod).

Goethe

Thomas Mann
Goethe's Laufbahn als Schriftsteller
Zwölf Essays und Reden zu Goethe
Band 5715

»Die Nachfolge Goethes, das Bekenntnis zu ihm, bedeutet doch wohl nicht deutsches Provinzlertum«, sagt Thomas Mann in einem Vortrag. »Es ist nichts weniger als ein Zufall, daß die deutschen Gestalten, die ich mir zu Lehrern und Führern ersah, diese Schopenhauer, Nietzsche, Wagner und in späteren Jahren an erster Stelle Goethe, alle ein stark überdeutsches, europäisches Gepräge tragen ...
Halten wir es mit ihm, mit seiner Vornehmkeit und seiner Sympathie! Wir werden dann niemals das Unglück haben, in Opposition zu stehen gegen Liebe und Leben.«

Goethe erzählt sein Leben
Ein Lebensbericht aus Selbstzeugnissen Goethes und Aufzeichnungen seiner Zeitgenossen
Zusammengestellt von Hans Egon Gerlach und Otto Herrmann
Band 5600

Aus der Fülle authentischen Materials – autobiographischer Schriften, Tagebücher, Briefe und dichterische Gestaltung des eigenen Erlebens – entsteht ein Lebensbild Goethes, das in seiner Unmittelbarkeit überzeugender wirkt als jede Darstellung aus fremder Feder.

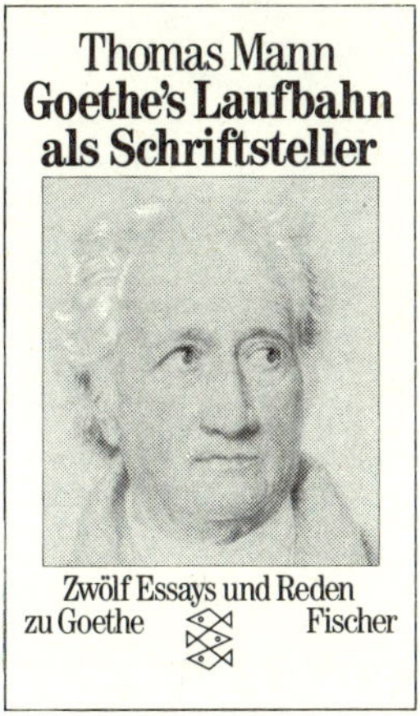

Fischer Taschenbuch Verlag